Libro de superaci

Un Hábito
a la vez

Guía de autoayuda, Inteligencia Emocional
y el poder de la disciplina

.

Nelly Balbuena

DEDICATORIA

Este libro está dedicado a todos aquellos que han sentido alguna vez que su voz se perdía entre las sombras. A quienes han luchado por recuperar su poder y su lugar en el mundo. Que estas páginas sirvan como luz para encontrar su camino hacia la autonomía y la libertad personal.

TABLA DE CONTENIDO

Capítulo 5: Herramientas y Técnicas para la Creación de Hábitos   87

Capítulo 6: Superación de Obstáculos   109

Identificación de Barreras Comunes en la Formación de Hábitos

Capítulo 7: Hábitos de Éxito   115

Capítulo 8: Inspiración a través de Historias Reales   121

INTRODUCCIÓN.

¿Alguna vez has notado cómo los pequeños actos que realizas diariamente, casi sin pensar, dan forma a tu vida? Cada mañana, el ritual de preparar una taza de café, el camino que eliges para ir al trabajo, o incluso las primeras palabras que intercambias con tus seres queridos, todos son hábitos. Estos patrones no solo estructuran tu día, sino que, acumulados, construyen la vida que conoces. Pero, ¿qué pasaría si pudieras ajustar esos patrones para forjar una vida aún mejor, más saludable y más feliz?

En "Un Hábito a la Vez", te invito a embarcarte en una exploración profunda y personal sobre cómo tus hábitos pueden ser moldeados conscientemente para impulsar una verdadera transformación en tu vida. Este libro no es solo una guía; es un compañero en tu camino hacia el auto-descubrimiento y la mejora continua. A través de sus páginas, aprenderás no solo a identificar y cambiar los hábitos que te limitan, sino también a cultivar nuevos que fomenten tu crecimiento y bienestar.

Los hábitos son poderosos, pero doblemente son delicados. Operan en el nivel subconsciente, dictando acciones que a veces ni siquiera notamos. Sin embargo, cuando tomas el control consciente de ellos, cuando decides qué hábitos deseas que dirijan tu vida, ejerces una influencia poderosa sobre tu destino. Este libro te mostrará cómo hacer precisamente eso: tomar las riendas de tus hábitos, uno a la vez, para transformarte en la persona que aspiras ser.

AQUÍ EXPLORAREMOS:

❖ La ciencia de los hábitos: Comprenderás cómo se forman y cómo tu cerebro puede ser entrenado para adoptar nuevos hábitos.

❖ Disciplina sobre motivación: Aprenderás por qué la disciplina es más crucial que la motivación cuando se trata de hacer cambios duraderos.

❖ Organización del entorno: Te ofreceré consejos prácticos para configurar tu espacio físico y mental, facilitando así el camino hacia tus metas.

❖ Historias reales de transformación: Te inspirarás con relatos de personas que, como tú, transformaron sus vidas a través del poder de cambiar sus hábitos.

❖ Estrategias y herramientas prácticas: Equipado con ejercicios y planes de acción, te ayudaré a construir y mantener los hábitos que llevarán a una vida más plena.

Cada capítulo de este libro es un paso adelante en el proceso de convertir pequeñas acciones en grandes cambios. No necesitas cambiar todo de una vez. La belleza de este enfoque es su sencillez y su poder: un hábito, un cambio, una mejora a la vez.

Así que, te invito a pasar la página y comenzar este camino de transformación. Con cada hábito que modifiques, estarás un paso más cerca de la vida que deseas. No esperes otro día para ser la mejor versión de ti mismo; comienza hoy.

"El cambio podría no ser rápido y no siempre es fácil. Pero con tiempo y esfuerzo, casi cualquier hábito puede ser remodelado." - Charles Duhigg

Capítulo 1: Entendiendo los Hábitos

Bienvenido al primer capítulo de "Un Hábito a la Vez".

Aquí, vamos a desentrañar juntos los misterios de los

hábitos: qué son, cómo se forman y qué dice la ciencia

sobre ellos. Este conocimiento es fundamental, porque

una vez que entiendes cómo funcionan tus hábitos,

puedes empezar a transformarlos de manera efectiva.

DEFINICIÓN DE HÁBITOS: PROFUNDIZANDO EN SU IMPACTO Y MANEJO

Un hábito es una conducta que repites regularmente,

casi sin pensar. Es una práctica automática que se

desarrolla a través del tiempo y que, eventualmente,

se convierte en una parte esencial de tu rutina diaria.

Los hábitos pueden ser tan simples como beber agua

al levantarte o tan complejos como la secuencia de

acciones que realizas al conducir tu coche al trabajo.

Aunque algunos hábitos son claramente beneficiosos,

otros pueden limitarnos sin que siquiera nos demos

cuenta. El objetivo de este libro es ayudarte a discernir

entre estos y empoderarte para mejorar aquellos que

forman la trama de tu vida.

NATURALEZA Y FORMACIÓN DE LOS HÁBITOS

Los hábitos son mecanismos del cerebro que facilitan la automatización de comportamientos repetitivos. Esta automatización es crucial porque libera recursos mentales para que puedas concentrarte en tareas que requieren más atención y análisis. Cuando un comportamiento se repite en un contexto similar varias veces, el cerebro comienza a asociar el contexto o un conjunto de señales con la acción realizada. Con el tiempo, esta asociación se fortalece hasta que la exposición a las señales desencadena automáticamente la conducta.

Por ejemplo, si siempre te cepillas los dientes después de desayunar, el acto de terminar de comer por la mañana puede convertirse en un disparador automático para cepillarte los dientes. No necesitas decidir conscientemente hacerlo; tu cerebro ya ha optimizado este comportamiento como una secuencia automática después del desayuno.

TIPOS DE HÁBITOS

Los hábitos pueden clasificarse en varios tipos, dependiendo de su naturaleza y el impacto que tienen en nuestras vidas:

- ❊ Hábitos Físicos: Involucran acciones corporales como hacer ejercicio, fumar, o sonreír.
- ❊ Hábitos Emocionales: Son respuestas emocionales automáticas a ciertos estímulos o situaciones, como sentir ansiedad ante presentaciones públicas o irritabilidad cuando se está bajo presión.
- ❊ Hábitos Mentales: Patrones de pensamiento que se vuelven automáticos, como el pesimismo crónico o la autocrítica.

EL DOBLE FILO DE LOS HÁBITOS

Mientras que algunos hábitos mejoran la calidad de vida, otros pueden ser destructivos o limitantes. Los hábitos saludables, como hacer ejercicio regularmente y comer bien, pueden mejorar significativamente tu bienestar físico y mental. Por otro lado, hábitos como la procrastinación, el consumo excesivo de alcohol o el gasto impulsivo pueden sabotear tus esfuerzos para alcanzar tus metas personales y profesionales.

CAMBIANDO HÁBITOS LIMITANTES

El cambio de hábitos comienza con la conciencia. Debes ser capaz de identificar cuáles hábitos son beneficiosos y cuáles no. Esto puede lograrse mediante la reflexión personal o con la ayuda de un diario de hábitos donde anotas tus actividades diarias y las emociones o consecuencias asociadas con ellas.

Una vez identificados los hábitos que deseas cambiar, el siguiente paso es entender los disparadores que inician estos hábitos. Al modificar estos disparadores o tu respuesta a ellos, puedes comenzar a reemplazar hábitos antiguos por nuevos. Por ejemplo, si descubres que tiendes a comer en exceso cuando estás estresado, trabajar en técnicas de manejo del estrés puede ayudarte a controlar este hábito.

CREANDO NUEVOS HÁBITOS: UNA GUÍA COMPLETA

Crear un nuevo hábito requiere paciencia y consistencia. Es esencial establecer metas claras y alcanzables y luego desglosar estas metas en acciones específicas que puedas realizar diariamente. La clave es la repetición; al repetir una acción deseada en un contexto específico regularmente, empiezas a formar un nuevo patrón en tu cerebro. Además, celebrar pequeñas victorias puede motivarte a mantener el rumbo.

ENTENDIENDO LA FORMACIÓN DE HÁBITOS

El proceso de formación de hábitos se basa en la teoría del aprendizaje y la plasticidad neuronal. Cuando realizas una acción repetidamente, las neuronas en tu cerebro forman conexiones más fuertes relacionadas con esa actividad, facilitando su ejecución futura sin esfuerzo consciente significativo. Este proceso se conoce como "mielinización", donde las neuronas involucradas en la realización del hábito se vuelven más eficientes.

ESTABLECIMIENTO DE METAS CLARAS

Antes de comenzar a formar un nuevo hábito, es crucial que definas claramente lo que quieres lograr. Estas metas deben ser específicas, medibles, alcanzables, relevantes y limitadas en tiempo (criterios SMART). Por ejemplo, si deseas hacer más ejercicio, una meta podría ser "caminar 30 minutos al día, cinco días a la semana".

DESGLOSE DE METAS EN ACCIONES ESPECÍFICAS

Una vez que tienes una meta clara, el siguiente paso es dividirla en acciones pequeñas y manejables. Esto podría significar preparar tu equipo de ejercicio la noche anterior o planificar tu ruta de caminata. Estas acciones deben ser lo suficientemente simples como para incorporarlas sin demasiada dificultad en tu rutina diaria.

LA IMPORTANCIA DE LA REPETICIÓN

La repetición es fundamental en la formación de hábitos. Necesitas comprometerte a realizar la acción diariamente hasta que se convierta en parte de tu rutina regular. Esto puede tomar tiempo; la investigación sugiere que formar un hábito puede tomar desde 21 días hasta varios meses, dependiendo de la complejidad del hábito y tu consistencia.

CREACIÓN DE UN ENTORNO DE APOYO

Tu entorno puede tener un impacto significativo en la formación de tus hábitos. Intenta configurar tu entorno para facilitar tus nuevos hábitos. Por ejemplo, si estás intentando comer más saludablemente, asegúrate de no tener comidas no saludables en tu hogar. Del mismo modo, si estás tratando de limitar tu tiempo frente a pantallas, podrías instalar aplicaciones que te ayuden a monitorizar y gestionar tu uso del tiempo.

CELEBRACIÓN DE PEQUEÑAS VICTORIAS

Es importante celebrar tus logros, no importa cuán pequeños sean. Cada vez que reconoces y celebras una victoria, tu cerebro libera neurotransmisores como la dopamina, que te hacen sentir bien y te motivan a continuar. Estas celebraciones pueden ser tan simples como una auto-felicitación o darte un pequeño premio.

MONITOREO Y AJUSTE

A medida que avanzas en la formación de tu nuevo hábito, es vital monitorear tu progreso y estar dispuesto a hacer ajustes según sea necesario. Esto puede implicar cambiar tu enfoque, ajustar tus metas o buscar nuevas formas de mantener tu motivación. Mantener un diario puede ser una herramienta útil para este propósito, ya que te permite reflexionar sobre lo que funciona y lo que no.

BUSCAR APOYO

No subestimes el valor del apoyo externo. Hablar sobre tus metas y progresos con amigos, familiares o un grupo de apoyo puede proporcionarte la motivación adicional necesaria para seguir adelante. También puedes considerar trabajar con un coach profesional o un mentor que te guíe y te proporcione retroalimentación constructiva.

MANTENIMIENTO DE HÁBITOS SALUDABLES: ESTRATEGIAS PARA EL ÉXITO A LARGO PLAZO

Mantener hábitos saludables a largo plazo es un desafío, especialmente cuando enfrentas situaciones de estrés o cambios importantes en la vida. Para mantener la consistencia, puede ser útil revisar periódicamente tus progresos y ajustar tus estrategias según sea necesario. Además, rodearte de un entorno de apoyo, ya sea amigos, familia o grupos de apoyo en línea, puede proporcionar el estímulo necesario para mantener tus nuevos hábitos.

LA IMPORTANCIA DE LA CONSISTENCIA

La clave para mantener hábitos saludables es la consistencia. Sin una aplicación regular, incluso el hábito más saludable puede desvanecerse y perder su impacto positivo en tu vida. Aquí es donde la disciplina y la motivación juegan un papel crucial. La disciplina te permite seguir adelante incluso cuando no tienes ganas, mientras que la motivación puede proporcionar ese impulso adicional necesario durante momentos difíciles.

REVISIÓN PERIÓDICA DE PROGRESOS

Una técnica eficaz para mantener hábitos saludables es realizar revisiones periódicas de tu progreso. Esto no solo te permite ver cuánto has avanzado, sino que también te da la oportunidad de ajustar tus métodos o estrategias si algunos aspectos no están funcionando como esperabas. Estas revisiones pueden ser diarias, semanales o mensuales, dependiendo de tus necesidades y del tipo de hábito.

❖ Diario de Hábitos: Llevar un registro diario puede ayudarte a mantener un seguimiento cercano de tus comportamientos y a reflexionar sobre tus logros y desafíos.

❖ Evaluaciones Mensuales: Dedica tiempo cada mes para evaluar tus hábitos más amplios y hacer ajustes significativos en tu enfoque.

ADAPTACIÓN A CAMBIOS Y ESTRÉS

Los cambios en la vida y las situaciones estresantes son inevitables y pueden afectar seriamente la sostenibilidad de tus hábitos saludables. Durante estos tiempos, es vital adaptar tus hábitos y estrategias para acomodar las nuevas circunstancias:

❖ Flexibilidad: Sé flexible con tus expectativas y dispuesto a modificar tus hábitos según lo requiera tu situación actual.

❖ Técnicas de Reducción de Estrés: Incorpora prácticas de reducción de estrés como la meditación, el yoga o la respiración profunda en tu rutina diaria para ayudarte a manejar mejor el estrés.

CREACIÓN DE UN ENTORNO DE APOYO

Estar rodeado de un entorno que apoye tus hábitos saludables puede hacer una diferencia significativa en tu capacidad para mantenerlos:

- Familia y Amigos: Involucra a tu familia y amigos en tus hábitos saludables. Por ejemplo, si estás tratando de comer más saludablemente, podrías cocinar comidas saludables juntos.

Grupos de Apoyo en Línea: Únete a foros y grupos en línea donde puedas compartir tus experiencias y desafíos con otros que tienen objetivos similares. Esto no solo proporciona apoyo emocional sino también consejos prácticos y motivación.

CELEBRACIÓN DE LOGROS

No olvides celebrar tus éxitos, no importa cuán pequeños sean. Reconocer y celebrar cada logro puede aumentar tu motivación y reforzar tu compromiso con tus hábitos saludables. Estas celebraciones pueden incluir desde tomarte un momento para reconocer tu progreso hasta premiarte con algo especial cuando alcanzas un hito importante.

ENFRENTAMIENTO A RETROCESOS

Es normal experimentar retrocesos cuando intentas mantener hábitos a largo plazo. Lo importante es cómo respondes a estos retrocesos:

❖ Aprende de los Errores: Analiza qué causó el retroceso y qué puedes aprender de la experiencia.

❖ Reajuste Rápido: No dejes que un pequeño desliz se convierta en una caída prolongada. Ajusta rápidamente y vuelve a tu rutina.

CÓMO SE FORMAN LOS HÁBITOS: EL CICLO DEL HÁBITO

Para cambiar un hábito, primero debes comprender cómo se forma. Todo hábito se origina y mantiene a través de lo que llamamos el "ciclo del hábito", que consiste en tres fases clave:

La señal o disparador: Es el estímulo que inicia el hábito. Puede ser cualquier cosa que tu cerebro asocie con una acción específica, como el sonido de la alarma que te indica que es hora de levantarte.

La rutina: Es la acción que realizas, es decir, el hábito en sí. Siguiendo el mismo ejemplo, sería levantarte de la cama.

La recompensa: Es el beneficio que obtienes al completar la acción. En nuestro ejemplo, podría ser la sensación de frescura y alerta después de estirarte o tomar una ducha.

Entender y reconocer estos tres componentes en tus propios hábitos es el primer paso crucial para poder modificarlos.

LA NEUROCIENCIA DETRÁS DE LOS HÁBITOS

La formación de hábitos no es solo una cuestión de fuerza de voluntad; tiene profundas raíces en la neurociencia. Nuestro cerebro está constantemente buscando maneras de ahorrar energía, y los hábitos son una solución eficiente a esto. Cuando un comportamiento se convierte en hábito, las partes del cerebro responsables de la toma de decisiones y del pensamiento consciente se desactivan parcialmente durante la ejecución de ese comportamiento. Esto es gestionado por una parte del cerebro llamada los ganglios basales, que juega un papel crucial en el desarrollo de emociones, recuerdos y patrones de reconocimiento.

Cada vez que repites un hábito, fortaleces la conexión neural asociada con ese comportamiento, haciendo que sea más fácil y probable que lo repitas en el futuro. Esto es lo que llamamos plasticidad neuronal, y es la razón por la cual formar nuevos hábitos puede ser difícil al principio, pero con el tiempo se vuelven más fáciles de mantener.

Muchas Gracias.

Espero que estés disfrutando de tu lectura. Si te está gustando el libro, me encantaría escuchar tu opinión. Tu reseña no solo ayudaría a otros lectores a descubrir este libro, sino que también sería increíblemente valiosa para mí. Cada reseña cuenta y realmente hace una gran diferencia.

Cuando termines, por favor, considera tomarte un momento para dejar una reseña en Amazon.

¡Gracias por tu apoyo y por ser parte de la comunidad de lectores!

"La disciplina es el puente entre metas y logros." - Jim Rohn

Capítulo 2: La Disciplina Ante Todo

En el camino hacia la transformación personal mediante la modificación de hábitos, la disciplina es tu aliado más confiable. En este capítulo, exploraremos por qué la disciplina supera a la motivación cuando se trata de hacer cambios duraderos y efectivos. También te proporcionaré estrategias prácticas y ejercicios para desarrollar y fortalecer tu disciplina personal.

DISCIPLINA VERSUS MOTIVACIÓN: LA BATALLA INTERNA

La motivación es un estado emocional que te impulsa a actuar. Es poderosa, pero también esporádica y, a menudo, dependiente de circunstancias externas. Puede variar de un día a otro y no siempre está presente cuando la necesitas. Por otro lado, la disciplina es la capacidad de obligarte a realizar una acción independientemente de tu estado emocional. Es constante y confiable.

La principal diferencia entre motivación y disciplina es que la motivación te pide acción cuando las condiciones son perfectas, mientras que la disciplina te exige consistencia, sin importar las circunstancias. Esto hace que la disciplina sea más efectiva para el cambio a largo plazo porque se basa en hábitos y rutinas que no dependen de tu estado de ánimo o de factores externos.

ESTRATEGIAS PARA DESARROLLAR DISCIPLINA DURADERA

Para construir disciplina, necesitas comenzar con pequeños pasos que se puedan mantener a lo largo del tiempo. Aquí te dejo algunas estrategias que te ayudarán a desarrollar esta cualidad tan importante:

ESTABLECER METAS CLARAS Y CONCRETAS

El primer paso crucial para desarrollar nuevos hábitos efectivos es establecer metas claras y concretas. La disciplina es mucho más fácil de mantener cuando tienes una visión clara de hacia dónde te diriges. Estas metas deben ser específicas y realistas, proporcionando un destino definido hacia el cual puedes dirigir tus esfuerzos diarios. Por ejemplo, en lugar de decir "quiero estar más saludable", una meta más específica podría ser "quiero caminar 10,000 pasos todos los días" o "quiero consumir cinco porciones de frutas y verduras cada día".

BENEFICIOS DE METAS CLARAS Y CONCRETAS

❖ Dirección: Te proporcionan un claro sentido de dirección.

❖ Motivación: Refuerzan tu motivación al establecer un objetivo tangible.

❖ Medición del Progreso: Facilitan la medición del progreso y la evaluación de la efectividad de tus hábitos.

DESGLOSAR LAS METAS EN ACCIONES PEQUEÑAS

Una vez que tienes claras tus metas, el siguiente paso es desglosarlas en acciones más pequeñas y manejables. Esto es vital porque las grandes metas a menudo pueden parecer abrumadoras y fuera de alcance, lo que puede llevar a la procrastinación o al abandono del esfuerzo.

ESTRATEGIAS PARA DESGLOSAR METAS

Lista de Tareas Diarias: Divide tus metas en tareas que puedas realizar cada día. Si tu meta es caminar 10,000 pasos al día, planifica momentos específicos del día para caminar, como caminar por la mañana antes del trabajo o durante tu hora de almuerzo.

Pasos Accionables Pequeños: Cada tarea debe ser lo suficientemente pequeña para ser realizada sin sentirse como una carga. Por ejemplo, si tu objetivo es comer más saludablemente, comienza incorporando una fruta o vegetal en cada comida antes de cambiar completamente tu dieta.

Consistencia: La clave del éxito a largo plazo es la consistencia. Al realizar pequeñas tareas relacionadas con tu meta todos los días, gradualmente construyes el impulso necesario para mantener la disciplina.

REDUCCIÓN DE LA RESISTENCIA

Al desglosar tus metas en componentes más pequeños y menos intimidantes, reduces naturalmente la resistencia a comenzar. Esto se debe a que cada acción se convierte en un paso fácilmente manejable en lugar de un salto gigante hacia lo desconocido.

BENEFICIOS DE REDUCIR LA RESISTENCIA

Incremento en la Productividad: Al disminuir la sensación de abrumadora, es más probable que comiences a trabajar en tus tareas, lo que incrementa la productividad general.

Desarrollo de la Disciplina: Con cada pequeña tarea completada, refuerzas tu disciplina, lo cual es esencial para la formación de nuevos hábitos.

Satisfacción Personal: Cada pequeño logro te brinda satisfacción y te motiva a continuar trabajando hacia tus metas más grandes.

CREAR UN ENTORNO DE APOYO

Una estrategia crucial para mantener la disciplina y fomentar la formación de hábitos saludables es crear un entorno de apoyo que facilite tus objetivos y minimice las distracciones y tentaciones. Este enfoque se centra en adaptar tu entorno físico y digital para alinearlo con tus metas, haciendo que sea más fácil mantener la consistencia y el enfoque en tus actividades diarias.

SIMPLIFICAR LA MANTENCIÓN DE LA DISCIPLINA

Para simplificar la mantención de la disciplina, es fundamental eliminar cualquier factor de tu entorno que pueda desviarte de tus objetivos. Esto implica una evaluación cuidadosa y una modificación de tu espacio personal y de trabajo, así como de tus dispositivos digitales.

Espacio Físico: Asegúrate de que tu entorno físico no contenga distracciones que puedan impedirte alcanzar tus metas. Por ejemplo, si estás tratando de mejorar tu salud mediante una dieta, deshazte de los alimentos no saludables en tu casa y ten a mano opciones más nutritivas.

Espacio de Trabajo: Si tu objetivo es escribir diariamente, crea un espacio dedicado exclusivamente a esa tarea. Este espacio debe estar organizado, libre de desorden y equipado con todo lo que necesitas para escribir, como un ordenador, papel, bolígrafos y libros de referencia. Idealmente, este espacio debería estar en una parte tranquila de tu hogar, alejada de las interrupciones comunes.

Tecnología y Dispositivos Digitales: Personaliza las notificaciones en tus dispositivos para minimizar las distracciones. Utiliza herramientas y aplicaciones que bloqueen sitios web y notificaciones no esenciales durante tus horas de trabajo enfocado.

EJEMPLO PRÁCTICO: CONFIGURACIÓN DE UN ESPACIO DE ESCRITURA

Supongamos que tu objetivo es escribir diariamente. Aquí te dejo una guía paso a paso para preparar un espacio dedicado que te ayude a cultivar este hábito:

❃ Selección del Espacio: Elige un rincón de tu casa que sea tranquilo y tenga suficiente luz natural. Esto podría ser un pequeño escritorio en una esquina de tu dormitorio o un área en tu sala de estar que raramente se use.

❃ Equipamiento Necesario: Asegúrate de que tu escritorio tenga una silla cómoda, buena iluminación, acceso a tomas de corriente para tu laptop o computadora, y espacio suficiente para tus materiales de escritura.

❃ Minimiza las Distracciones: Retira del espacio cualquier elemento que no necesites para escribir. Esto incluye dispositivos electrónicos que no uses para escribir, como tablets o teléfonos, excepto si son necesarios para investigación.

❃ Personalización: Decora tu espacio de una manera que inspire creatividad. Esto podría incluir cuadros, plantas, o una pizarra con tus metas de escritura y citas motivacionales.

❃ Mantenimiento del Orden: Dedica tiempo al final de cada sesión de escritura para ordenar tu espacio. Esto te ayudará a mantener la disciplina y te permitirá comenzar cada sesión de escritura de manera eficiente y sin estrés.

RUTINAS Y HORARIOS: CLAVES PARA LA FORMACIÓN DE HÁBITOS EXITOSOS

El establecimiento de rutinas y horarios consistentes es una de las técnicas más efectivas para fomentar la formación de hábitos duraderos y saludables. La estructura que proporcionan las rutinas diarias ayuda a minimizar la resistencia y facilita que tu cerebro integre nuevas actividades como parte de tu vida cotidiana.

LA IMPORTANCIA DE LAS RUTINAS

Las rutinas proporcionan una estructura predecible que puede disminuir el estrés y aumentar la eficiencia. Al tener un horario establecido, reduces la cantidad de decisiones que debes tomar a lo largo del día, lo que a su vez puede ayudar a evitar la fatiga de decisión y mantener tus niveles de energía. Este enfoque permite que tu cerebro se acostumbre a un patrón específico, lo que facilita la formación de hábitos.

ESTABLECIMIENTO DE RUTINAS DIARIAS

Para implementar rutinas que fomenten la adopción de nuevos hábitos, considera los siguientes pasos:

- ❖ Identificación de Actividades: Primero, identifica las actividades que deseas convertir en hábitos. Esto puede incluir cosas como hacer ejercicio, leer, escribir, o meditar.

- ❖ Integración en tu Horario: Luego, encuentra momentos específicos en tu día para estas actividades. Por ejemplo, podrías planear hacer ejercicio temprano en la mañana antes del trabajo, leer durante el almuerzo, y meditar antes de ir a la cama.

Consistencia de Horarios: Trata de realizar estas actividades a la misma hora todos los días. La consistencia temporal refuerza la formación de hábitos, ya que tu cerebro comienza a asociar momentos específicos del día con determinadas actividades.

EJEMPLO DE RUTINA DIARIA

Aquí tienes un ejemplo de cómo podría verse una rutina diaria diseñada para fomentar hábitos saludables:

❖ 6:00 AM: Despertar y realizar 30 minutos de ejercicio.

❖ 6:45 AM: Desayuno.

❖ 7:15 AM: Tiempo de lectura o desarrollo personal.

❖ 8:00 AM: Comenzar las tareas laborales o escolares.

❖ 12:00 PM: Almuerzo seguido de un breve paseo.

❖ 5:00 PM: Revisión de tareas del día y planificación del siguiente.

❖ 6:00 PM: Cena.

❖ 7:30 PM: Tiempo para hobbies o interacción social.

❖ 9:00 PM: Meditación o preparación para dormir.

❖ 10:00 PM: Hora de dormir.

ADAPTACIÓN A CAMBIOS Y FLEXIBILIDAD

Si bien es importante mantener una rutina, también es crucial permitir cierta flexibilidad. La vida puede ser impredecible, y es posible que en ocasiones necesites adaptar tu horario. La clave es volver a tu rutina tan pronto como sea posible sin castigarte por los ajustes necesarios.

MONITOREO Y AJUSTE

Finalmente, es útil revisar periódicamente tu rutina y ajustarla según sea necesario. Este proceso de revisión puede ayudarte a identificar qué partes de tu rutina están funcionando bien y cuáles necesitan ajustes para mejor adaptarse a tus necesidades y objetivos.

EJERCICIOS PRÁCTICOS PARA FORTALECER LA DISCIPLINA PERSONAL

Para que estas estrategias se conviertan en parte integral de tu vida, debes ponerlas en práctica a través de ejercicios específicos. Aquí te propongo algunos que puedes empezar a implementar hoy mismo:

El Desafío de 30 Días: Escoge un nuevo hábito que quieras desarrollar y comprométete a hacerlo todos los días durante 30 días. Esto puede ser algo tan simple como levantarte a la misma hora cada mañana, sin excepciones.

LA TÉCNICA DEL POMODORO: MEJORA TU ENFOQUE Y PRODUCTIVIDAD

La Técnica del Pomodoro, desarrollada por Francesco Cirillo a fines de la década de 1980, es un método de gestión del tiempo diseñado para mejorar la concentración y la eficiencia con la ayuda de intervalos de tiempo designados llamados "Pomodoros". Es especialmente útil para quienes luchan con la procrastinación o la gestión del tiempo, ayudándolos a dividir su carga de trabajo en períodos de concentración intensa seguidos de breves descansos.

FUNDAMENTOS DE LA TÉCNICA DEL POMODORO

La técnica se basa en la idea de que los intervalos de tiempo frecuentes promueven la agilidad mental y te ayudan a mantener un alto nivel de concentración sin sentir fatiga o desgaste. Aquí te explico cómo puedes aplicar esta técnica:

⚜ Elige una Tarea: Selecciona la tarea que necesitas completar o en la que deseas avanzar.

⚜ Establece el Temporizador: Ajusta un temporizador a 25 minutos. Durante este tiempo, tu objetivo es trabajar de manera ininterrumpida en la tarea elegida.

⚜ Trabaja hasta que Suene el Temporizador: Dedícate exclusivamente a tu tarea sin permitir distracciones. Si te das cuenta de que te distraes o piensas en otra cosa, haz una nota de ello y vuelve a concentrarte.

⚜ Toma un Descanso Corto: Cuando el temporizador suene, toma un descanso de 5 minutos. Durante este tiempo, es vital que te alejes de tu espacio de trabajo; haz algo relajante que no esté relacionado con el trabajo.

⚜ Repite el Proceso: Después del descanso, reinicia el temporizador para otro Pomodoro de 25 minutos y continúa el proceso. Después de cuatro Pomodoros, toma un descanso más largo, de unos 15 a 30 minutos.

BENEFICIOS DE LA TÉCNICA DEL POMODORO

✧ Mejora la Concentración: Al trabajar en bloques, reduces la influencia de las distracciones internas y externas.

✧ Aumenta la Conciencia de tu Tiempo: Al medir tu trabajo en segmentos, puedes mejor gestionar tu tiempo y planificar más eficientemente.

✧ Reduce la Fatiga: Los descansos regulares previenen el agotamiento mental, manteniéndote energizado y productivo durante períodos más largos.

✧ Fomenta la Disciplina: Al obligarte a trabajar dentro de un marco de tiempo específico, desarrollas una rutina que puede mejorar tu autodisciplina a largo plazo.

IMPLEMENTACIÓN EFECTIVA

Para que la Técnica del Pomodoro sea efectiva, es crucial que respetes los tiempos de trabajo y de descanso. Intentar saltarte los descansos o extender los intervalos de trabajo puede reducir la efectividad del método. Además, es importante adaptar la técnica a tus propias necesidades. Algunas personas pueden necesitar ajustar la duración de los Pomodoros y los descansos para que se adapten mejor a su ritmo de trabajo personal.

REGISTRO DE HÁBITOS: HERRAMIENTA ESENCIAL PARA EL CAMBIO SOSTENIDO

El mantenimiento de un diario de hábitos es una técnica poderosa que puede transformar tus esfuerzos para cambiar o establecer nuevos hábitos. Registrar tus progresos diariamente no solo proporciona una retroalimentación visual de tu consistencia, sino que también juega un papel crucial en el refuerzo de tu comportamiento disciplinado. Este método actúa como un espejo, mostrándote claramente lo que estás haciendo bien y en qué áreas necesitas mejorar.

¿POR QUÉ LLEVAR UN DIARIO DE HÁBITOS?

Conciencia y Responsabilidad: El acto de escribir tus hábitos y su ejecución diaria te obliga a ser consciente de tus acciones. Esto aumenta la responsabilidad personal y te motiva a seguir comprometido con tus metas.

Retroalimentación Instantánea: Ver tus hábitos registrados diariamente te permite evaluar rápidamente si estás en camino hacia tus metas o si necesitas hacer ajustes. Esto es especialmente útil para romper o formar hábitos complejos.

Identificación de Patrones: A medida que acumulas datos sobre tus hábitos, comienzas a ver patrones o tendencias que pueden indicarte qué condiciones promueven o impiden tu éxito. Por ejemplo, podrías notar que te ejercitas más regularmente cuando preparas tu equipo la noche anterior.

Celebración de Logros: Un registro continuo permite celebrar cuando alcanzas hitos importantes. Esta celebración puede ser un impulso emocional significativo y servir como motivación para mantener el impulso.

CÓMO MANTENER UN DIARIO DE HÁBITOS EFECTIVO

Para que un diario de hábitos sea efectivo, debe ser simple y directo. Aquí te dejo algunos consejos para comenzar y mantener uno:

❖ Elige un Formato: Decide si prefieres un diario físico o digital. Algunas aplicaciones de seguimiento de hábitos pueden ofrecer funcionalidades adicionales como recordatorios y análisis gráficos.

❖ Establece Categorías Claras: Organiza tu diario por categorías de hábitos, como salud, productividad, aprendizaje, etc. Esto te ayudará a mantener tus registros ordenados y fáciles de analizar.

❖ Registra Diariamente: Haz un hábito de registrar tus actividades al final del día. Evalúa brevemente tu progreso y anota cualquier pensamiento o sentimiento que te parezca relevante.

❖ Revisa Regularmente: Aparta un momento cada semana o mes para revisar tu diario. Busca patrones o tendencias que puedan indicarte cómo mejorar o ajustar tus hábitos.

❄ Sé Honesto y Consistente: La efectividad de tu diario depende de tu honestidad y consistencia. Incluso si tienes un mal día, es importante registrar esa información para tener un panorama claro de tu progreso.

Compromisos Públicos: Comparte tus metas con amigos o familiares, o incluso en redes sociales. Al hacer público tu compromiso, aumentas la presión social para mantenerte en el camino, lo que puede ser un gran motivador para mantener tu disciplina.

Capítulo 3: El Poder de la Inteligencia Emocional

En el camino hacia una vida mejorada a través de cambios en tus hábitos, la inteligencia emocional juega un papel fundamental. No solo te permite entender y gestionar tus propias emociones, sino que también te ayuda a comprender cómo tus emociones influyen en tus hábitos y cómo puedes usar esta comprensión para mejorar tu vida. En este capítulo, exploraremos la relación entre inteligencia emocional y hábitos, y te proporcionaré técnicas y ejercicios prácticos para fortalecer tus habilidades emocionales.

INTRODUCCIÓN A LA INTELIGENCIA EMOCIONAL Y SU RELACIÓN CON LOS HÁBITOS

La inteligencia emocional (IE) es una faceta del desarrollo humano que ha ganado reconocimiento por su profundo impacto en el éxito personal y profesional. Se define como la capacidad de percibir, controlar y evaluar emociones en uno mismo y en los demás. A menudo, se considera tan crucial como el coeficiente intelectual (CI) para lograr el éxito en la vida. En el ámbito de los hábitos, la inteligencia emocional juega un papel vital, ya que permite comprender y gestionar las emociones que impulsan nuestras acciones diarias.

¿QUÉ ES LA INTELIGENCIA EMOCIONAL?

La inteligencia emocional se compone de varias habilidades clave:

✧ Autoconciencia: La capacidad de reconocer y entender tus propias emociones y cómo afectan tus pensamientos y comportamientos.

✧ Autogestión: La habilidad para regular tus emociones de manera adecuada y constructiva, especialmente en situaciones difíciles.

✧ Empatía: La capacidad de entender las emociones de los demás, lo cual es crucial para desarrollar relaciones sociales efectivas.

✧ Habilidades sociales: La habilidad de manejar relaciones y navegar en entornos sociales eficazmente, lo que implica desde la comunicación clara hasta la resolución de conflictos.

RELACIÓN ENTRE INTELIGENCIA EMOCIONAL Y HÁBITOS

La relación entre la inteligencia emocional y los hábitos es intrínseca y multifacética. Comprender esta conexión puede proporcionar insights valiosos sobre cómo formamos y mantenemos hábitos, y cómo podemos cambiarlos:

❖ Emociones como Disparadores: Muchos hábitos son respuestas automáticas a emociones específicas. Por ejemplo, el estrés puede desencadenar hábitos como comer en exceso o fumar. Al desarrollar una mayor autoconciencia emocional, puedes identificar cuáles emociones disparan hábitos no deseados.

❖ Gestión de Emociones para Cambiar Hábitos: La autogestión emocional te permite cambiar cómo respondes a las emociones que normalmente desencadenan hábitos poco saludables. Por ejemplo, en lugar de recurrir a la comida para manejar el estrés, podrías aprender técnicas de relajación como la meditación o la respiración profunda.

❖ Desarrollo de Nuevos Hábitos Positivos: Usar la

inteligencia emocional para establecer nuevos hábitos positivos es otra aplicación poderosa. Por ejemplo, si comprendes que la gratitud te hace sentir positivo, podrías desarrollar el hábito de escribir un diario de gratitud diariamente para cultivar emociones positivas de manera regular.

CÓMO MEJORAR LA INTELIGENCIA EMOCIONAL PARA IMPACTAR TUS HÁBITOS

Mejorar tu inteligencia emocional requiere práctica y dedicación. Aquí hay algunas estrategias para empezar:

✵ Reflexión Diaria: Dedica tiempo cada día para reflexionar sobre tus emociones y reacciones. Esto puede ayudar a aumentar tu autoconciencia y a identificar áreas para mejorar en la autogestión.

✵ Práctica de la Mindfulness: La atención plena o mindfulness mejora tanto la autoconciencia como la autogestión, al permitirte vivir el momento presente y reconocer tus emociones sin reaccionar de manera inmediata.

✵ Capacitación y Lectura: Participar en talleres de

inteligencia emocional y leer libros relevantes puede proporcionar técnicas adicionales y comprensión teórica para mejorar tus habilidades emocionales.

La conexión entre emociones y hábitos es profunda:

✲ Emociones como disparadores: Frecuentemente, los hábitos están disparados por emociones. Por ejemplo, el estrés puede llevar a comer en exceso o la ansiedad a procrastinar.

✲ Hábitos como respuesta emocional: A menudo desarrollamos hábitos porque ofrecen una recompensa emocional, como el confort o la reducción de la ansiedad.

TÉCNICAS PARA MEJORAR LA AUTOCONCIEN-CIA Y LA AUTOGESTIÓN

Mejorar tu inteligencia emocional comienza con la autoconciencia y la autogestión. Aquí hay algunas técnicas que puedes practicar:

MEDITACIÓN Y MINDFULNESS: HERRAMIENTAS CLAVE PARA EL MANEJO EMOCIONAL

En el mundo acelerado de hoy, encontrar maneras efectivas de gestionar nuestras emociones y mantener nuestro bienestar mental es crucial. La meditación y las prácticas de mindfulness se destacan como herramientas poderosas para mejorar nuestra inteligencia emocional, permitiéndonos reconocer y entender nuestras emociones en tiempo real. Estas prácticas no solo facilitan una mayor conciencia de nuestros estados internos sino que también mejoran nuestra capacidad de respuesta en lugar de reacción frente a los desafíos diarios.

¿QUÉ ES MINDFULNESS?

Mindfulness, o atención plena, es la práctica de estar completamente presente y completamente comprometido con el momento actual, sin juzgar o dejarse llevar por lo que sucede a nuestro alrededor. Implica una aceptación consciente de nuestros pensamientos y sentimientos sin adherirse a ellos o ser controlados por ellos.

¿QUÉ ES LA MEDITACIÓN?

La meditación es una práctica en la que se usa una técnica, como la mindfulness, o la concentración en un objeto, pensamiento o actividad particular, para entrenar la atención y la conciencia, y lograr un estado emocionalmente calmado y estable.

BENEFICIOS DE LA MEDITACIÓN Y EL MINDFULNESS EN LA INTELIGENCIA EMOCIONAL

Mejora de la Autoconciencia: La práctica regular de mindfulness y meditación aumenta tu conciencia de tus propios patrones de pensamiento y reacciones emocionales. Esto te permite identificar emociones negativas o destructivas a medida que surgen, comprendiendo mejor sus orígenes y su impacto.

Regulación Emocional: Al fomentar un estado de calma y observación, la meditación ayuda a gestionar y regular las emociones. Esto puede reducir la frecuencia e intensidad de respuestas emocionales como la ira, la ansiedad y la depresión.

Aumento de la Paciencia y la Tolerancia: Las técnicas de mindfulness enseñan paciencia y la habilidad de tolerar la incomodidad emocional o física. Aprender a permanecer presente durante momentos de estrés o desafío puede cambiar la forma en que manejas situaciones difíciles.

Desarrollo de la Empatía y la Compasión: Al ser más consciente de tus propias emociones, puedes desarrollar una mayor empatía hacia los demás, entendiendo mejor los sentimientos y comportamientos de otras personas.

CÓMO INCORPORAR LA MEDITACIÓN Y EL MINDFULNESS EN TU VIDA DIARIA

Rutinas Diarias de Meditación: Dedica un tiempo cada día para meditar, empezando con sesiones cortas de 5 a 10 minutos y aumentando gradualmente a medida que te sientas más cómodo con la práctica.

Momentos de Mindfulness: Integra prácticas de mindfulness en actividades diarias simples como comer, caminar o incluso durante tareas domésticas. Concéntrate plenamente en la tarea que estás realizando, observando todas las sensaciones físicas y emocionales que surgen.

Cursos y Aplicaciones: Considera utilizar aplicaciones de meditación y mindfulness, que pueden proporcionar guías estructuradas y recordatorios útiles para mantener tu práctica.

Retiros y Talleres: Participar en retiros o talleres puede proporcionar una inmersión más profunda en las técnicas de mindfulness y meditación, ofreciendo herramientas adicionales y soporte comunitario.

....

DIARIO EMOCIONAL: UNA HERRAMIENTA PODEROSA PARA EL AUTOCONOCIMIENTO Y LA GESTIÓN EMOCIONAL

. . .

El uso de un diario emocional es una técnica invaluable para aquellos que buscan entender y mejorar su inteligencia emocional. Registrar tus emociones diarias y las circunstancias que las provocan puede ofrecer insights profundos sobre tus patrones emocionales, ayudándote a identificar y manejar los desencadenantes que afectan tu estado de ánimo y comportamiento.

BENEFICIOS DEL DIARIO EMOCIONAL

Mayor Autoconciencia: Escribir sobre tus emociones te ayuda a reconocerlas y aceptarlas, lo cual es el primer paso para gestionarlas efectivamente. Al observar tus emociones sin juicio, puedes empezar a entender mejor qué las provoca.

Identificación de Patrones: Con el tiempo, un diario emocional puede revelar patrones o tendencias en tus respuestas emocionales. Por ejemplo, podrías descubrir que ciertos tipos de situaciones o interacciones con personas específicas desencadenan regularmente ansiedad o irritabilidad.

Desarrollo de Respuestas Más Saludables: Al identificar los desencadenantes de emociones intensas, puedes trabajar en estrategias para enfrentar esas situaciones con respuestas más saludables y productivas. Esto podría incluir técnicas de afrontamiento como la respiración profunda, la meditación o reestructurar tus pensamientos.

Validación y Procesamiento de Emociones: Escribir sobre tus emociones también te proporciona una oportunidad para procesar y validar tus sentimientos. Este proceso puede ser extremadamente terapéutico y a menudo ofrece una sensación de alivio y claridad.

CÓMO MANTENER UN DIARIO EMOCIONAL EFECTIVO

Para que un diario emocional sea útil, es importante ser consistente y detallado en tus entradas. Aquí te dejamos algunos consejos para comenzar y mantener un diario emocional:

- Frecuencia de las Entradas: Decide si prefieres escribir en tu diario al final del día o poco después de experimentar emociones intensas. Algunas personas prefieren hacer un resumen diario, mientras que otras encuentran útil escribir varias veces al día.

Detalles a Incluir: Cuando anotes sobre un evento emocional, describe la situación que provocó la emoción, qué sentiste exactamente, cómo reaccionaste y qué pensamientos pasaron por tu mente en ese momento.

Revisión Periódica: Dedica tiempo cada semana o mes para revisar tus entradas anteriores. Esto no solo te ayuda a ver el progreso que has hecho en la gestión de tus emociones, sino que también puede ayudarte a identificar nuevos patrones o áreas que necesitan atención adicional.

Honestidad: Para que el diario sea efectivo, es crucial ser completamente honesto en tus entradas. Trata de escribir con total sinceridad, sin dejar de lado ningún detalle por considerarlo trivial o vergonzoso.

Privacidad: Asegúrate de que tu diario esté en un lugar seguro donde nadie más pueda leerlo sin tu permiso. Esto te permitirá ser más abierto y honesto en tus reflexiones sin temor a ser juzgado.

AUTO-REFLEXIÓN REGULADA: MEJORA TU CON-CIENCIA Y RESPUESTAS EMOCIONALES

La auto-reflexión regulada es una técnica crucial para mejorar la inteligencia emocional y fomentar un mayor autoconocimiento. Al incorporar momentos específicos de reflexión sobre tus emociones y comportamientos a lo largo del día, puedes ganar una comprensión más profunda de tus reacciones internas y cómo estas influyen en tus acciones. Este proceso te permite hacer ajustes conscientes en tu comportamiento, lo que puede llevar a una vida más deliberada y satisfactoria.

IMPORTANCIA DE LA AUTO-REFLEXIÓN REGU-LADA

Conciencia Emocional Mejorada: La auto-reflexión te ayuda a identificar y comprender tus emociones, lo que es esencial para gestionarlas eficazmente. Al entender qué emociones sientes y por qué, puedes empezar a desentrañar los patrones subyacentes que guían tu comportamiento.

Alineación de Acciones y Valores: Al reflexionar sobre tus acciones y cómo se relacionan con tus emociones, puedes evaluar si tus comportamientos reflejan tus valores y objetivos personales. Esto es crucial para vivir de manera auténtica y cumplir con tus propias normas y expectativas.

Desarrollo de Respuestas más Saludables: Entender tus emociones y reacciones te permite desarrollar estrategias para responder de manera más saludable en el futuro. Por ejemplo, si descubres que ciertos eventos o situaciones desencadenan una respuesta de ira, puedes trabajar en técnicas de manejo del estrés o enfoques alternativos para enfrentar esas situaciones.

CÓMO IMPLEMENTAR LA AUTO-REFLEXIÓN REGULADA

Establece Tiempos Fijos: Designa momentos específicos del día para la reflexión. Muchas personas encuentran útil hacer esto por la mañana para establecer intenciones para el día, y por la noche para revisar los eventos del día y las reacciones emocionales.

Guía de Preguntas: Para hacer tu reflexión más estructurada y efectiva, utiliza un conjunto de preguntas guía. Algunas preguntas útiles incluyen:

❃ ¿Qué emociones experimenté hoy y qué eventos las desencadenaron?

❃ ¿Cómo reaccioné a estos eventos y emociones?

❃ ¿Mis acciones reflejaron cómo me sentía realmente?

❃ ¿Qué podría hacer de manera diferente la próxima vez para alinear mejor mis reacciones con mis valores?

Diario de Reflexión: Considera llevar un diario donde puedas anotar tus pensamientos y respuestas a estas preguntas. Escribir puede ayudar a procesar tus emociones y solidificar tu aprendizaje.

❃ Revisión Regular: Haz tiempo al menos una vez a la semana para revisar tus notas y evaluar tu progreso. Observa si hay tendencias o patrones recurrentes y considera qué cambios podrías necesitar hacer en tu comportamiento.

Sé Honesto y Compasivo Contigo Mismo: La auto-reflexión puede ser desafiante, especialmente cuando enfrentas emociones o acciones de las que no estás orgulloso. Es vital abordar este proceso con compasión y sin juicio para fomentar el crecimiento y el aprendizaje.

EJERCICIOS DE INTELIGENCIA EMOCIONAL APLICADOS A LA FORMACIÓN DE HÁBITOS

Implementar inteligencia emocional en la formación y cambio de hábitos puede ser transformador. Aquí te propongo algunos ejercicios prácticos:

❊ Reconocimiento de Emociones en el Momento: Cada vez que te encuentres ejecutando un hábito que deseas cambiar, detente y evalúa qué emociones estás experimentando. Utiliza esta información para desarrollar respuestas más saludables.

❊ Reemplazo de Hábitos Basados en Emociones: Una vez que identifiques los hábitos emocionales que deseas cambiar, trabaja en reemplazarlos con hábitos que proporcionen una solución más saludable a esa emoción. Por ejemplo, si descubres que comes en exceso cuando estás estresado, intenta reemplazar este hábito con una caminata corta o unos minutos de respiración profunda.

Práctica de Respuestas Emocionales: En un entorno controlado, practica cómo responderías a situaciones emocionales desafiantes. Esto puede ser a través de role-playing o visualización, preparándote para manejar mejor las emociones en situaciones reales.

Capítulo 4: Configurando Tu Espacio para el Éxito

Mientras trabajas en transformar tus hábitos y fortalecer tu disciplina e inteligencia emocional, tu entorno juega un papel crucial. Un espacio bien organizado puede fomentar hábitos saludables y productivos, mientras que un entorno desordenado o distractor puede hacer todo lo contrario. En este capítulo, exploraremos cómo tu entorno afecta tus hábitos y te proporcionaré estrategias concretas para organizar tanto tus espacios físicos como digitales, creando así un entorno que te impulse hacia el éxito.

LA INFLUENCIA DEL ENTORNO EN LOS HÁBITOS

Tu entorno puede actuar como un disparador para comportamientos específicos, tanto positivos como negativos. Por ejemplo, un escritorio desordenado puede aumentar la ansiedad y reducir la eficiencia, mientras que un espacio limpio y bien organizado puede mejorar tu concentración y eficacia. Los cambios ambientales pueden modificar la percepción que tienes de tus tareas y de ti mismo, afectando directamente tu comportamiento diario.

CONSEJOS PARA ORGANIZAR ESPACIOS FÍSICOS Y DIGITALES

ESPACIOS FÍSICOS:

Minimiza el desorden: Empieza por deshacerte de lo que no necesitas. Un espacio despejado favorece un estado mental claro y enfocado.

Zonas Funcionales: Divide tu espacio en zonas según las actividades que realizas (trabajo, descanso, lectura). Esto puede ayudar a tu cerebro a asociar áreas específicas con comportamientos específicos.

Elementos Motivacionales: Incorpora elementos que te inspiren, como citas motivacionales, arte que te guste o una lista visible de tus metas.

Accesibilidad: Asegúrate de que las herramientas y recursos que necesitas regularmente estén fácilmente accesibles. Esto reduce la fricción para comenzar tareas y mantener hábitos.

LIMPIEZA DE ESCRITORIO Y ARCHIVOS: OPTIMI-ZA TU ESPACIO DIGITAL

En la era digital de hoy, mantener un espacio de trabajo organizado no solo se refiere a tu escritorio físico, sino también a tu entorno digital. Un escritorio digital desordenado y carpetas desorganizadas pueden ser tan contraproducentes como un escritorio físico lleno de papeles y objetos sin organizar. La limpieza regular de tu escritorio digital y archivos no solo te ayudará a encontrar archivos más rápidamente, sino que también puede mejorar significativamente tu productividad y reducir el estrés.

BENEFICIOS DE MANTENER UN ESCRITORIO DIGITAL ORGANIZADO

Mejora la Eficiencia: Un escritorio digital limpio y organizado te permite acceder rápidamente a los documentos y aplicaciones que necesitas, eliminando la pérdida de tiempo buscando en un mar de iconos y archivos.

✢ Reduce el Estrés: Un espacio de trabajo digital desordenado puede ser una fuente de estrés visual y mental, similar al desorden físico. Mantenerlo organizado puede ayudar a crear una sensación de control y calma.

✢ Mejora el Enfoque: Un entorno de trabajo menos caótico fomenta una mayor concentración en las tareas, ya que hay menos distracciones visuales que pueden desviar tu atención.

ESTRATEGIAS PARA LA LIMPIEZA DE ESCRITORIO Y ARCHIVOS

✢ Revisión Regular: Establece un horario regular, como el final de cada semana o mes, para revisar y limpiar tu escritorio digital. Elimina los archivos y aplicaciones que ya no uses o que no necesites tener a mano constantemente.

✢ Organización de Carpetas: Crea un sistema de carpetas lógico y fácil de seguir para tus archivos. Por ejemplo, podrías tener carpetas separadas para diferentes proyectos o tipos de documentos (por ejemplo, Finanzas, Proyectos en Curso, Archivos de Referencia). Asegúrate de que cada archivo esté guardado en la ubicación correcta.

Limpieza de Iconos: Elimina los iconos innecesarios de tu escritorio. Conserva solo los accesos directos esenciales y organízalos de manera que maximicen tu eficiencia. Herramientas como "Fences" pueden ayudar a crear áreas en tu escritorio para organizar iconos por categorías o uso.

Archivos Antiguos: Revisa y elimina regularmente los archivos que ya no sean relevantes. Para los documentos importantes que raramente usas, considera almacenarlos en una unidad externa o en la nube para mantener tu espacio de trabajo digital limpio.

Uso de Herramientas Digitales: Utiliza herramientas de software diseñadas para ayudar con la organización del escritorio y la gestión de archivos. Programas como CCleaner pueden ayudar a limpiar archivos temporales y basura digital que se acumula con el uso.

Nomenclatura Consistente: Usa un sistema de nomenclatura coherente para tus archivos y carpetas. Esto podría incluir fechas, nombres de proyectos y versiones de documentos, lo que facilita la búsqueda y el acceso a estos más adelante.

USO DE HERRAMIENTAS DE PRODUCTIVIDAD: OPTIMIZA TU EFICIENCIA LABORAL

En un mundo lleno de distracciones, especialmente en el entorno digital, mantener la concentración puede ser un desafío constante. Las herramientas de productividad, diseñadas para ayudarte a gestionar tus tareas y minimizar las interrupciones, pueden ser un recurso esencial para mejorar tu eficiencia y calidad de trabajo.

TIPOS DE HERRAMIENTAS DE PRODUCTIVIDAD

Bloqueadores de Anuncios: Estos programas o extensiones para navegadores ayudan a eliminar anuncios molestos que pueden distraerte mientras trabajas en línea. Al bloquear estos anuncios, no solo reduces las distracciones, sino que también mejoras los tiempos de carga de las páginas y proteges tu privacidad.

Aplicaciones para Gestionar Tareas: Herramientas como Trello, Asana, y Todoist permiten organizar tus proyectos y tareas diarias de manera eficiente. Puedes establecer plazos, asignar tareas a colegas, y monitorear el progreso de los proyectos en tiempo real.

Modos de Enfoque: Muchos dispositivos y aplicaciones ahora ofrecen modos de enfoque que limitan las notificaciones o alertas durante períodos de tiempo seleccionados. Por ejemplo, la función "No molestar" en los sistemas operativos de smartphones y computadoras puede ser invaluable durante sesiones de trabajo intensas.

Extensiones de Productividad: Extensiones como StayFocusd o Forest te ayudan a limitar el tiempo que pasas en sitios web distractivos. Configurándolas según tus necesidades, puedes restringir efectivamente el acceso a sitios que sabes que comprometen tu productividad.

BENEFICIOS DEL USO DE HERRAMIENTAS DE PRODUCTIVIDAD

- Mejora de la Concentración: Al minimizar las interrupciones y distracciones, estas herramientas te ayudan a mantener un nivel de concentración más alto durante períodos más prolongados.
- Eficiencia Incrementada: Con tareas y objetivos claramente delineados en aplicaciones de gestión, puedes navegar tu día de trabajo con mayor eficiencia, asegurándote de cubrir todos los aspectos esenciales de tu trabajo.
- Mejor Gestión del Tiempo: Estas herramientas te permiten ver cómo distribuyes tu tiempo, lo cual puede ser crucial para realizar ajustes y mejorar tu gestión del tiempo a largo plazo.
- Reducción del Estrés: Al tener un sistema claro para manejar y completar tareas, reduces el estrés asociado con plazos y compromisos olvidados o mal gestionados.

CÓMO IMPLEMENTAR HERRAMIENTAS DE PRODUCTIVIDAD EFICAZMENTE

❖ Evaluación de Necesidades: Determina qué aspectos de tu trabajo requieren mejoras en cuanto a gestión y concentración. Esto te ayudará a seleccionar las herramientas que mejor se adapten a tus necesidades.

❖ Integración Gradual: Introduce nuevas herramientas gradualmente para no abrumarte. Comienza con una o dos herramientas y aumenta su uso a medida que te familiarizas con sus funciones.

❖ Capacitación y Aprendizaje: Maximizando la Efectividad de las Herramientas de Productividad

En un entorno laboral cada vez más dependiente de la tecnología, la capacidad para adaptarse y aprender a usar nuevas herramientas de productividad no solo es útil, sino esencial. Dedicar tiempo a capacitarte y aprender a manejar estas herramientas efectivamente puede significar la diferencia entre simplemente usar una aplicación y aprovecharla al máximo para optimizar tu trabajo y eficiencia.

LA IMPORTANCIA DE LA CAPACITACIÓN ADEC-
UADA

La capacitación y el aprendizaje continuos te permiten sacar el máximo provecho de las herramientas de productividad que eliges implementar. Sin un entendimiento adecuado de sus funciones y capacidades, es fácil subutilizar herramientas complejas, lo que resulta en una inversión de tiempo y recursos que no alcanza su potencial completo.

BENEFICIOS DE LA CAPACITACIÓN EFECTIVA

❈ Uso Eficiente de las Herramientas: Comprender todas las funciones disponibles, incluso aquellas que no son inmediatamente obvias, puede ayudarte a realizar tu trabajo de manera más eficiente y creativa.

❈ Mejora de la Productividad: Al utilizar completamente una herramienta, puedes automatizar tareas, organizar información de manera más efectiva y reducir el tiempo dedicado a actividades que consumen mucho tiempo.

Reducción de Errores: Un buen entrenamiento puede reducir significativamente los errores que ocurren por un mal uso de las herramientas, asegurando que la información sea gestionada y presentada correctamente.

Innovación y Mejora Continua: La capacitación no solo te enseña a usar herramientas, sino también a pensar en nuevas formas de aplicar estas tecnologías para mejorar los procesos existentes.

ESTRATEGIAS PARA UNA CAPACITACIÓN EFECTIVA

Aprovecha los Recursos Proporcionados: Muchas herramientas de productividad vienen con extensos recursos de aprendizaje, como tutoriales en video, webinars, y guías paso a paso. Asegúrate de explorar estos recursos, que están diseñados para ayudarte a entender y utilizar mejor la herramienta.

Programa Sesiones de Aprendizaje Regulares: Dedica tiempo específico en tu agenda regularmente para la capacitación. Esto puede ser semanal o mensual, dependiendo de tus necesidades y las herramientas que estés aprendiendo a usar.

Participa en Formación y Soporte en Línea: Muchas aplicaciones y software ofrecen sesiones de capacitación en línea y soporte en vivo. Participar en estas sesiones puede proporcionar respuestas directas a tus preguntas y ayudarte a resolver problemas específicos.

Práctica Continua: La mejor manera de aprender es haciendo. Utiliza las herramientas en proyectos reales para familiarizarte con sus funcionalidades. Esto no solo mejora tu habilidad para usar la herramienta sino que también refuerza tu aprendizaje.

Comparte Conocimiento con Colegas: Si aprendes algo útil, compártelo con tus compañeros de trabajo. Esto no solo ayuda a otros, sino que también refuerza tu propio conocimiento y te posiciona como un recurso valioso dentro de tu equipo.

REVISIÓN REGULAR: CLAVE PARA OPTIMIZAR LAS HERRAMIENTAS DE PRODUCTIVIDAD

En un entorno laboral dinámico y tecnológicamente avanzado, la adaptación continua es fundamental para mantener y mejorar la productividad. Una parte esencial de este proceso es la revisión regular de las herramientas que utilizas. Esta práctica no solo asegura que estás obteniendo el máximo provecho de tus recursos tecnológicos, sino que también permite ajustes oportunos para alinearlos mejor con tus necesidades y objetivos cambiantes.

IMPORTANCIA DE LA REVISIÓN REGULAR

Realizar evaluaciones regulares de las herramientas de productividad que utilizas te permite identificar si están funcionando efectivamente y si siguen siendo las mejores opciones disponibles para tus necesidades específicas. Esto es crucial porque:

Evolución de las Necesidades: Tus necesidades profesionales y personales pueden cambiar con el tiempo, y las herramientas que una vez fueron efectivas pueden dejar de serlo si no se adaptan a nuevas circunstancias o desafíos.

❖ Avances Tecnológicos: La tecnología avanza rápidamente, y regularmente aparecen nuevas herramientas que pueden ofrecer mejores funcionalidades o ser más adecuadas para tus proyectos actuales.

❖ Optimización de Recursos: Evaluar cómo las herramientas afectan tu productividad puede ayudarte a asegurarte de que estás maximizando tus recursos, evitando el desperdicio de tiempo y otros recursos en herramientas que no ofrecen un buen retorno de la inversión.

ESTRATEGIAS PARA UNA REVISIÓN EFECTIVA

❖ Establece un Cronograma de Revisión: Decide con qué frecuencia revisarás las herramientas que utilizas. Esto puede ser mensual, trimestral o anual, dependiendo de la rapidez con la que cambien tus proyectos o tecnología.

❈ Criterios de Evaluación: Define criterios claros para evaluar las herramientas. Esto puede incluir la eficiencia, la facilidad de uso, el costo, la integración con otras herramientas y la satisfacción general del usuario.

Solicita Retroalimentación: Obtén comentarios de otros usuarios de las herramientas dentro de tu equipo o empresa. La experiencia de diferentes usuarios puede proporcionar una perspectiva más amplia sobre la efectividad de la herramienta.

❈ Prueba de Nuevas Herramientas: Mantente al tanto de las últimas innovaciones en herramientas de productividad y no dudes en probar nuevas opciones que puedan mejorar tus procesos de trabajo.

Documenta los Cambios y Resultados: Mantén un registro de los cambios realizados y de los impactos observados en términos de productividad y eficiencia. Esto no solo justifica el cambio, sino que también guía las futuras decisiones de herramientas.

IMPLEMENTACIÓN DE CAMBIOS

Si descubres que una herramienta ya no cumple con tus expectativas, considera las siguientes acciones:

- Ajustes de Configuración: A veces, pequeños ajustes en la configuración de una herramienta pueden mejorar significativamente su funcionalidad y eficacia.
- Capacitación Adicional: En algunos casos, la falta de formación adecuada puede ser la razón por la que una herramienta no funciona bien. Organizar sesiones de capacitación adicionales puede resolver este problema.
- Cambiar de Herramienta: Si una herramienta constantemente no cumple con tus necesidades a pesar de los ajustes, puede ser hora de considerar alternativas más robustas.

NOTIFICACIONES CONTROLADAS: ESTRATEGIAS PARA MINIMIZAR LAS DISTRACCIONES

En un mundo digital en el que estamos constantemente bombardeados con información, las notificaciones de nuestros dispositivos pueden convertirse en una fuente significativa de distracciones. Aprender a controlar estas notificaciones es esencial para mantener la concentración y mejorar la productividad. Al limitar las interrupciones, puedes dedicar más atención a las tareas importantes sin ser constantemente desviado.

BENEFICIOS DE CONTROLAR LAS NOTIFICACIONES

Menos Interrupciones: Reducir la frecuencia de las notificaciones puede disminuir significativamente las interrupciones durante tu jornada laboral o estudio, permitiéndote mantener un flujo de trabajo más constante.

Mejora del Enfoque: Con menos alertas luchando por tu atención, puedes dedicar un enfoque más profundo y sostenido a tus proyectos, lo que puede llevar a resultados de mayor calidad.

Reducción del Estrés: La constante recepción de notificaciones puede incrementar el estrés y la ansiedad. Controlar estas notificaciones puede ayudar a crear un entorno de trabajo más tranquilo y gestionable.

ESTRATEGIAS PARA CONTROLAR NOTIFICACIONES

Auditoría de Notificaciones: Realiza una revisión completa de todas las aplicaciones que actualmente tienen permiso para enviarte notificaciones. Evalúa cuáles son esenciales para tu trabajo o bienestar y cuáles podrían ser innecesarias o distractoras.

❊ Configuración Personalizada: La mayoría de los sistemas operativos de smartphones y computadoras permiten ajustes detallados de notificaciones. Aprovecha estas configuraciones para desactivar alertas no esenciales o configurarlas para que solo aparezcan en momentos del día en que no interrumpan tu trabajo crítico.

�֍ Uso de Modos de Enfoque: Muchos dispositivos ahora incluyen opciones como "No Molestar" o "Modo Enfoque", que te permiten silenciar todas las notificaciones durante períodos de tiempo específicos. Configura estos modos durante tus horas de mayor concentración o cuando necesites trabajar sin interrupciones.

✖ Gestión de Notificaciones de Correo Electrónico: Para el correo electrónico, considera desactivar las notificaciones instantáneas y en su lugar, opta por revisar tu correo a intervalos programados (por ejemplo, cada 2 horas).

✖ Educación y Cultura del Lugar de Trabajo: Si estás en un entorno de oficina, considera trabajar con tu equipo o departamento para desarrollar políticas sobre notificaciones que minimicen las distracciones para todos. Esto puede incluir normas sobre el uso del correo electrónico y la mensajería instantánea.

IMPLEMENTACIÓN EFECTIVA

Para implementar efectivamente un control de notificaciones, sigue estos pasos:

⚜ Planifica con Anticipación: Decide de antemano cuándo y cómo vas a controlar tus notificaciones. Por ejemplo, podrías desactivar las notificaciones automáticas antes de comenzar un bloque de trabajo concentrado.

⚜ Comunicación: Informa a colegas y familiares de tus horarios sin distracciones, especialmente si esperan respuestas rápidas. Esto ayuda a gestionar sus expectativas y respeta tu tiempo de concentración.

⚜ Monitoreo y Ajustes: Observa cómo la limitación de notificaciones afecta tu productividad y bienestar. Ajusta tus configuraciones según sea necesario para encontrar un balance que funcione mejor para ti.

....

PLANES DE ACCIÓN PARA CREAR UN ENTORNO PROPICIO

Para convertir estos consejos en acciones concretas, aquí te propongo unos planes de acción que puedes implementar de inmediato:

PLAN DE LIMPIEZA SEMANAL: MANTENIENDO UN ESPACIO DE TRABAJO ÓPTIMO

Para mantener un entorno de trabajo eficiente y propicio para la productividad, es esencial implementar un plan de limpieza semanal que abarque tanto el espacio físico como el digital. Un espacio ordenado no solo facilita un mejor flujo de trabajo, sino que también contribuye a una mente más clara y menos estresada.

BENEFICIOS DE UN ESPACIO DE TRABAJO LIMPIO Y ORGANIZADO

Aumento de la Productividad: Un espacio de trabajo limpio y organizado minimiza las distracciones y te permite encontrar recursos y documentos rápidamente, reduciendo el tiempo perdido buscando cosas.

Reducción del Estrés: Los espacios desordenados pueden aumentar los niveles de estrés y ansiedad. Un entorno limpio y organizado promueve una sensación de tranquilidad y control.

Mejora de la Creatividad: Un entorno ordenado

puede fomentar un pensamiento más claro y creativo, permitiéndote concentrarte completamente en las tareas creativas sin distracciones visuales.

....

ELEMENTOS DE UN PLAN DE LIMPIEZA SEMANAL EFECTIVO

LIMPIEZA FÍSICA:

Despejar el Desorden: Al final de cada semana, dedica tiempo a despejar tu escritorio y tu área de trabajo de cualquier papel, suministro u objeto innecesario que se haya acumulado.

Limpiar Superficies: Usa productos de limpieza adecuados para limpiar tu escritorio, teclado, pantalla de la computadora y cualquier otra superficie que utilices regularmente.

Organizar Documentos: Asegúrate de que todos los documentos físicos estén debidamente archivados o reciclados si ya no son necesarios.

LIMPIEZA DIGITAL:

Revisar Archivos y Carpetas: Ordena tus archivos digitales, eliminando cualquier documento, imagen o descarga que ya no necesites.

✢ Organizar el Escritorio Virtual: Limpia tu escritorio digital eliminando iconos innecesarios y organizando los archivos restantes en carpetas bien etiquetadas.

✢ Actualizar Software: Aprovecha este momento para actualizar cualquier software que lo necesite, asegurando que tus sistemas estén funcionando de manera óptima.

MANTENIMIENTO DE HERRAMIENTAS Y EQUI-POS:

✢ Verificar Equipos: Revisa y limpia otros equipos de oficina que utilices, como impresoras, teléfonos y fotocopiadoras.

✢ Gestionar Suministros: Revisa tus suministros de oficina y haz una lista de lo que necesita ser repuesto para la siguiente semana.

IMPLEMENTACIÓN DEL PLAN

❖ Establece un Horario Fijo: Elige un día y una hora cada semana para tu limpieza, preferiblemente al final de la semana o el viernes por la tarde, para preparar tu espacio para la siguiente semana laboral.

❖ Crea una Lista de Verificación: Desarrolla una lista de verificación que incluya todas las tareas de limpieza que debes realizar tanto en el espacio físico como en el digital. Esto te ayudará a asegurarte de que no se pasen por alto tareas importantes.

❖ Involucra a tu Equipo: Si trabajas en un entorno de oficina, considera involucrar a tus colegas en el proceso de limpieza. Esto no solo aligera la carga, sino que también promueve un ambiente de trabajo más agradable y colectivamente cuidado.

Revisión de Metas Ambientales: Cada mes, evalúa cómo tu entorno está afectando tus hábitos. Ajusta lo necesario para seguir mejorando tu productividad y bienestar.

Rituales de Inicio y Cierre: Crea rituales de inicio y cierre para tu jornada laboral. Por ejemplo, cada mañana, prepara tu espacio antes de comenzar a trabajar y al final del día, ordena tu escritorio para dejarlo listo para el día siguiente.

Capítulo 5: Herramientas y Técnicas para la Creación de Hábitos

En este capítulo, vamos a profundizar en las herramientas y técnicas que puedes emplear para crear y mantener nuevos hábitos. Tendrás a tu disposición una variedad de recursos digitales y tradicionales que te ayudarán a seguir tu progreso y a personalizar tu enfoque para que se ajuste perfectamente a tus necesidades individuales. Exploraremos cómo las aplicaciones pueden facilitar el seguimiento de tus hábitos y cómo las técnicas probadas pueden fortalecer tu disciplina y constancia.

APLICACIONES Y HERRAMIENTAS DIGITALES PARA SEGUIMIENTO DE HÁBITOS

En la era digital, tenemos la ventaja de contar con numerosas aplicaciones diseñadas para ayudarnos a formar y mantener hábitos saludables. Aquí te menciono algunas de las más efectivas:

HABITICA: GAMIFICACIÓN DE LA FORMACIÓN DE HÁBITOS

Habitica es una aplicación revolucionaria que transforma la gestión del tiempo y la formación de hábitos en un juego de rol. Esta herramienta única utiliza principios de gamificación para motivar a sus usuarios a completar tareas diarias y desarrollar buenos hábitos, convirtiendo las actividades cotidianas en desafíos divertidos y gratificantes. Al hacerlo, Habitica no solo hace que la gestión de tareas sea más atractiva sino que también ayuda a mejorar la productividad y el bienestar personal de manera constante y divertida.

¿CÓMO FUNCIONA HABITICA?

Configuración de Personajes: Al comenzar, creas un avatar que te representa en un mundo de fantasía. Como en muchos juegos de rol, tu personaje puede subir de nivel, equiparse con armaduras y armas, y obtener mascotas y monturas.

Establecimiento de Tareas y Hábitos: Integrarás tus tareas diarias, hábitos que deseas desarrollar y actividades que deseas evitar. Estas se dividen en tres categorías:

❈ Tareas Diarias: Actividades que necesitas hacer todos los días, como hacer ejercicio o revisar el correo electrónico.

✢ Hábitos: Comportamientos que quieres fomentar o disuadir. Puedes ganar recompensas por buenos hábitos y recibir penalizaciones por malos hábitos.

Aficiones: Proyectos o tareas más grandes que necesitas completar, como proyectos de trabajo o tareas del hogar.

Gamificación: A medida que completas tus tareas y mantienes buenos hábitos, tu avatar recibe puntos de experiencia y oro. Los puntos de experiencia ayudan a tu personaje a subir de nivel, mientras que el oro se puede usar para comprar equipo y otros premios dentro del juego. Si fallas en completar tus tareas diarias o cedes a malos hábitos, tu personaje pierde salud, lo que añade un elemento de riesgo y motivación.

Interacción Social: Puedes unirte a grupos con amigos o con otros usuarios de Habitica. Estos grupos pueden participar en misiones juntos, lo que requiere que todos los miembros completen sus tareas diarias para derrotar a los monstruos y avanzar. Esto añade un elemento de responsabilidad y motivación social.

BENEFICIOS DE USAR HABITICA

Aumento de la Motivación: Al transformar la formación de hábitos y la gestión de tareas en un juego, Habitica hace que el proceso sea emocionante y motivador. Ganar recompensas y ver a tu personaje progresar hace que sea más probable que te adhieras a tus objetivos.

Mejora en la Consistencia: La necesidad de "mantener con vida" a tu personaje fomenta una mayor consistencia en la gestión de hábitos y tareas.

Soporte Comunitario: La característica de los grupos fomenta un sentido de comunidad y apoyo, lo que puede ser increíblemente valioso para aquellos que luchan por mantenerse motivados por sí solos.

Responsabilidad: Saber que tus acciones tendrán un impacto directo en tu personaje y posiblemente en tu equipo hace que sea más difícil ignorar tus tareas.

LOOP HABIT TRACKER: SIMPLIFICA LA FORMACIÓN DE HÁBITOS CON UN ENFOQUE MINIMALISTA

Loop Habit Tracker es una herramienta poderosa para quienes buscan una manera sencilla y eficaz de seguir y mejorar sus hábitos diarios. Esta aplicación destaca por su diseño minimalista y su funcionalidad intuitiva, permitiéndote centrarte en lo que realmente importa: tu progreso y consistencia.

CARACTERÍSTICAS DE LOOP HABIT TRACKER

Interfaz Sencilla y Limpia: Loop ofrece una interfaz de usuario clara y sin complicaciones, lo que la hace accesible incluso para los principiantes en tecnología o aquellos que prefieren soluciones más directas.

Creación de Hábitos: Puedes agregar fácilmente los hábitos que deseas desarrollar o mantener. La app te permite configurar cada hábito de forma individual, ajustando la frecuencia y recordatorios según tus necesidades específicas.

Seguimiento de Progreso: Uno de los puntos fuertes de Loop es su capacidad para mostrarte visualmente tu progreso a través de gráficas y estadísticas. Esto no solo te ayuda a ver cuánto has avanzado, sino que también te motiva a seguir siendo consistente.

Análisis Detallado: La aplicación genera análisis de tendencias que te ayudan a entender tus patrones de comportamiento a lo largo del tiempo. Estas insights pueden ser cruciales para ajustar tus hábitos y estrategias de manera efectiva.

Sin Necesidad de Conexión a Internet: Loop funciona completamente offline, lo que significa que no necesitas una conexión a internet para acceder a tus datos o seguir tus hábitos. Esto es particularmente útil para aquellos preocupados por la privacidad o que a menudo están en áreas con conectividad limitada.

BENEFICIOS DEL USO DE LOOP HABIT TRACKER

✧ Mejora la Autodisciplina: Al proporcionarte una visión clara de tu progreso, Loop te ayuda a desarrollar y mantener la autodisciplina necesaria para seguir tus hábitos a largo plazo.

�֍ Fomenta la Responsabilidad: Al tener que registrar diariamente tus hábitos, te vuelves más consciente de tus acciones y de cómo estas contribuyen a alcanzar tus metas.

Motivación Visual: Ver tu progreso representado en gráficos puede ser un poderoso motivador visual. Esto te anima a continuar trabajando hacia tus metas, especialmente en días difíciles.

Facilidad de Uso: Su diseño minimalista elimina complicaciones innecesarias, facilitando la configuración y el seguimiento de hábitos sin estrés adicional.

CÓMO EMPEZAR CON LOOP HABIT TRACKER

Descarga e Instalación: Loop está disponible para dispositivos Android y se puede descargar desde la Google Play Store.

Configura Tus Hábitos: Una vez instalada, añade los hábitos que deseas seguir, ajustando los parámetros según tus preferencias personales.

REGISTRO DIARIO: LA CLAVE PARA MANTENER Y MEJORAR HÁBITOS

Implementar un sistema de registro diario es una técnica efectiva para quienes buscan desarrollar y mantener hábitos saludables y productivos. Al documentar tus actividades cada día, ya sea al finalizar la jornada o inmediatamente después de completar una tarea específica, creas un archivo de tu progreso que te permite medir tu éxito, identificar patrones y ajustar tus estrategias conforme sea necesario.

BENEFICIOS DEL REGISTRO DIARIO

Responsabilidad Mejorada: Registrar tus acciones diarias fomenta un sentido de responsabilidad personal. Al tener que anotar tus logros y fallos, te vuelves más consciente de tus hábitos y más motivado para cumplir con tus objetivos.

Visibilidad del Progreso: Ver tus avances documentados puede ser un motivador poderoso. Este registro visible de tus logros te ayuda a apreciar hasta qué punto has llegado y qué cambios significativos has hecho en tu vida.

Identificación de Patrones: Un diario te permite ver qué circunstancias o estados de ánimo conducen a comportamientos productivos o contraproducentes. Esta información es crucial para entender tus desencadenantes y aprender cómo manejarlos.

Adaptabilidad: Al revisar tus entradas diarias, puedes ajustar rápidamente tus métodos y enfoques. Esta adaptabilidad es clave para el desarrollo continuo y la mejora de hábitos.

IMPLEMENTACIÓN EFECTIVA DE UN REGISTRO DIARIO

Elige un Método de Registro: Decide si prefieres usar una aplicación digital, como Loop Habit Tracker, o un método más tradicional como un diario físico. La elección dependerá de tus preferencias personales y de qué método te resulte más conveniente y agradable.

Establece un Horario Consistente: Decide si registrarás tus actividades al final del día o inmediatamente después de cada actividad. La consistencia es crucial para formar un hábito de registro.

Sé Conciso y Preciso: Tus entradas deben ser claras y al punto. Detalla qué tarea realizaste, cuánto tiempo te tomó, y cómo te sentiste al respecto. Esta información será invaluable para tus revisiones futuras.

Revisa Regularmente: Haz tiempo cada semana o mes para revisar tus entradas. Busca tendencias o patrones que puedan indicarte áreas de éxito o necesidad de mejora.

Integra la Reflexión: Además de registrar lo que hiciste, considera escribir brevemente sobre cómo podrías mejorar o qué aprendiste de la experiencia del día.

CONSEJOS PARA MANTENER EL HÁBITO DEL REGISTRO DIARIO

Establece Recordatorios: Utiliza alarmas o notificaciones para recordarte que debes registrar tus actividades. Esto es especialmente útil cuando estás comenzando con este hábito.

Hazlo Agradable: Personaliza tu diario o aplicación de registro para hacer la experiencia más placentera. Por ejemplo, si usas un diario físico, elige uno con un diseño que te guste o usa bolígrafos de colores para hacer tus anotaciones.

Compromiso a Corto Plazo: Empieza con el compromiso de mantener un registro diario por un mes. Evaluar después de este período puede ayudarte a ver los beneficios y motivarte a continuar.

REVISIÓN REGULAR DEL PROGRESO: OPTIMI-ZANDO HÁBITOS CON HERRAMIENTAS DIGI-TALES

La revisión regular de tu progreso es esencial para el desarrollo y mantenimiento de hábitos efectivos. Utilizar gráficas y análisis proporcionados por aplicaciones especializadas puede hacer que este proceso no solo sea más fácil, sino también más efectivo. Estas herramientas digitales ofrecen una visión clara y objetiva de tu comportamiento a lo largo del tiempo, permitiéndote identificar tendencias, progresos y áreas que requieren más atención.

BENEFICIOS DE LA REVISIÓN REGULAR DEL PROGRESO

Evaluación Objetiva: Las gráficas y el análisis ofrecen una representación visual de tu progreso, lo que te ayuda a evaluar objetivamente tus esfuerzos y resultados sin sesgos personales que podrían distorsionar tu percepción.

Identificación de Tendencias: Al revisar regularmente

tu progreso, puedes identificar patrones y tendencias en tus hábitos. Esto es crucial para entender qué estrategias están funcionando y cuáles necesitan ajustes.

❀ Ajuste de Metas y Estrategias: Basándote en los datos recogidos, puedes hacer ajustes informados a tus hábitos y estrategias de manera más precisa, asegurando que tus esfuerzos sean siempre dirigidos y eficientes.

❀ Motivación Sostenida: Ver tu progreso a través del tiempo puede ser un motivador poderoso. Las mejoras visibles refuerzan tu compromiso con tus hábitos y te animan a seguir adelante, incluso cuando enfrentas desafíos.

CÓMO REALIZAR UNA REVISIÓN EFECTIVA DEL PROGRESO

❀ Establece un Cronograma de Revisión: Decide con qué frecuencia revisarás tu progreso. Esto podría ser semanal, mensual o trimestral, dependiendo de tus objetivos y la naturaleza de los hábitos que estás desarrollando.

☆ Utiliza las Herramientas Adecuadas: Asegúrate de utilizar una aplicación o herramienta que ofrezca análisis detallados y gráficas. Aplicaciones como Habitica, Loop Habit Tracker, o incluso herramientas más avanzadas como Trello o Asana, pueden proporcionar visualizaciones útiles de tus hábitos y tareas.

☆ Analiza los Datos Recogidos: Durante cada revisión, dedica tiempo a analizar las gráficas y los datos. Busca aumentos o disminuciones en la frecuencia de tus hábitos y trata de correlacionarlos con cambios en tu rutina o eventos de vida.

Documenta tus Observaciones: Mantén un registro de tus observaciones y conclusiones durante cada revisión. Esto no solo te ayudará a recordar tus ajustes, sino que también te permitirá ver cómo tus interpretaciones y estrategias han evolucionado con el tiempo.

Ajusta tus Hábitos Según Sea Necesario: Basándote en tu análisis, haz los ajustes necesarios en tus hábitos. Esto podría significar cambiar la frecuencia de un hábito, modificar tus metas, o experimentar con nuevas estrategias para superar desafíos.

CONCLUSIONES Y ACCIONES FUTURAS

Aprovecha estas revisiones para planificar tus próximos pasos. Establece nuevas metas basadas en lo que has aprendido y considera experimentar con diferentes enfoques para mejorar aún más tus hábitos. La clave es mantener un enfoque proactivo y estar dispuesto a adaptar tus métodos según la retroalimentación que los datos te proporcionan.

COACH.ME: IMPULSANDO EL DESARROLLO PERSONAL CON TECNOLOGÍA Y COMUNIDAD

Coach.me es una plataforma integral que combina el seguimiento de hábitos con coaching personalizado, proporcionando una solución robusta para aquellos que buscan mejorar su rendimiento personal y profesional. Al ofrecer herramientas para establecer metas, recibir apoyo comunitario, y acceder a coaching personalizado, Coach.me se destaca como una herramienta valiosa en el arsenal de cualquier persona que aspire a alcanzar sus objetivos con mayor efectividad.

CARACTERÍSTICAS PRINCIPALES DE COACH.ME

Seguimiento de Hábitos: Coach.me permite a los usuarios establecer y monitorear sus hábitos diarios. La aplicación ofrece recordatorios y refuerzos para ayudarte a mantener el rumbo, lo cual es esencial para la formación de hábitos a largo plazo.

Coaching Personalizado: Una de las características más distintivas de Coach.me es la posibilidad de contratar a un coach personal. Los usuarios pueden elegir entre una amplia red de coaches expertos en diversas áreas, desde productividad y gestión del tiempo hasta salud y fitness.

Motivación de la Comunidad: La plataforma también proporciona un entorno comunitario donde puedes compartir tus progresos y desafíos, recibir apoyo, y celebrar logros con otros usuarios. Esta dimensión social puede ser tremendamente motivadora, especialmente en momentos de dificultad.

Establecimiento de Metas: Coach.me facilita la definición de objetivos claros y medibles, permitiéndote seguir de cerca tu progreso hacia estos. La capacidad de ver tu evolución a través de estadísticas y comentarios del coach potencia tu capacidad para alcanzar tus metas de manera efectiva.

BENEFICIOS DEL USO DE COACH.ME

Responsabilidad: Al trabajar con un coach personal y participar en una comunidad, te vuelves más responsable de tus acciones y progresos, lo que puede ser un gran impulsor para la adherencia y la consecución de tus objetivos.

Apoyo Personalizado: El acceso a coaching personalizado significa que puedes recibir guía y feedback adaptados específicamente a tus necesidades y circunstancias, lo cual es a menudo más efectivo que los enfoques genéricos.

Inspiración Constante: La comunidad en Coach. me proporciona un flujo constante de motivación e inspiración, alentándote a perseverar cuando más lo necesitas.

Flexibilidad: La plataforma ofrece flexibilidad para cambiar de coach o ajustar tus metas según evolucionan tus necesidades, lo que asegura que siempre estés trabajando de la manera más alineada con tus aspiraciones actuales.

CÓMO INTEGRAR COACH.ME EN TU RUTINA

Evaluación de Necesidades: Antes de empezar, evalúa qué áreas de tu vida deseas mejorar y qué tipo de hábitos podrían beneficiarte.

- ⚘ Selección de un Coach: Revisa los perfiles de los coaches disponibles en Coach.me y elige uno que se especialice en las áreas en las que deseas mejorar.
- ⚘ Establecimiento de Metas Claras: Trabaja con tu coach para establecer metas claras y realistas, y discute cómo puedes medir tu progreso de manera

efectiva.

- Participación Activa: Engánchate con la comunidad y participa activamente. El apoyo y los consejos de otros usuarios pueden ser invaluable.

Estas herramientas digitales no solo te ayudan a recordar tus hábitos, sino que también te proporcionan datos visuales sobre tu progreso, lo que puede ser muy motivador.

TÉCNICAS TRADICIONALES EFECTIVAS PARA LA FORMACIÓN DE HÁBITOS

Aunque las herramientas digitales son útiles, no debemos olvidar las técnicas tradicionales que han probado ser efectivas a lo largo del tiempo:

- La Regla del 21/90: Se dice que tomará 21 días formar un hábito y 90 días para que ese hábito se convierta en un estilo de vida permanente. Comprométete a seguir un hábito nuevo cada día durante estos periodos para solidificar el cambio.
- Visualización: Dedica tiempo cada día para visualizar

cómo deseas que sea tu vida con tus nuevos hábitos. Esto fortalece tu motivación y compromiso.

Método de Cadena: No rompas la cadena. Usa un calendario y marca un "X" cada día que logres seguir tu hábito. La idea es construir una cadena lo más larga posible sin interrupciones.

CÓMO PERSONALIZAR HERRAMIENTAS SEGÚN TUS NECESIDADES

No todos los hábitos ni todas las herramientas son adecuados para cada persona. Es crucial personalizar estas herramientas para que se ajusten a tus necesidades:

✤ Elige herramientas que se alineen con tus metas: No todas las apps ni técnicas son útiles para todo tipo de hábitos. Si tu objetivo es hacer ejercicio regularmente, una app como Strava o Fitbit podría ser más útil que una app de meditación.

✤ Adapta las herramientas a tu estilo de vida: Si no eres muy tecnológico, podrías preferir métodos más tradicionales como diarios de papel o recordatorios físicos.

✤ Experimenta y ajusta: Prueba diferentes herramientas y técnicas hasta encontrar las que mejor se adapten a ti. No tengas miedo de hacer ajustes o combinar métodos para crear un sistema personalizado que funcione para ti.

Capítulo 6: Superación de Obstáculos

Adoptar nuevos hábitos y deshacerse de los antiguos puede ser un desafío lleno de obstáculos. Sin embargo, con las herramientas y técnicas adecuadas, puedes superar estas barreras y avanzar hacia tus metas. En este capítulo, exploraremos algunas de las dificultades más comunes que enfrentan las personas al intentar formar nuevos hábitos, te ofreceré estrategias efectivas para superar estos desafíos y te presentaré casos prácticos para ilustrar cómo estas soluciones funcionan en situaciones reales.

IDENTIFICACIÓN DE BARRERAS COMUNES EN LA FORMACIÓN DE HÁBITOS

Algunas de las barreras más comunes que impiden a las personas formar nuevos hábitos incluyen:

❊ Falta de Consistencia: La incapacidad para mantener un esfuerzo constante es a menudo la caída de nuevos hábitos.

❊ Falta de Motivación Inmediata: Cuando los resultados de un nuevo hábito no son inmediatamente visibles, puede ser difícil mantener la motivación.

✢ **Entorno No Propicio:** Un entorno que no apoya tus nuevos hábitos puede hacer extremadamente difícil mantenerlos.

✢ **Resistencia al Cambio:** Muchas veces, hay una resistencia interna al cambio, incluso cuando sabemos que es para nuestro beneficio.

ESTRATEGIAS PARA SUPERAR LA RESISTENCIA Y LA PROCRASTINACIÓN

Para cada uno de estos desafíos, hay estrategias que puedes emplear para superarlos:

Crear Pequeñas Metas: Divide tu nuevo hábito en pasos pequeños y manejables. Celebrar pequeñas victorias puede ayudarte a mantener la motivación y la consistencia.

Buscar Apoyo: Ya sea un amigo, un coach o un grupo de apoyo, tener a alguien con quien compartir tus progresos y desafíos puede proporcionar un impulso necesario.

Modificar el Entorno: Ajusta tu entorno para hacer más

fácil mantener tu nuevo hábito. Por ejemplo, si quieres hacer ejercicio por la mañana, prepara tu equipo la noche anterior.

Entender y Replanificar la Resistencia: Reflexiona sobre qué está causando tu resistencia al cambio. A menudo, entender estas razones puede ayudarte a encontrar formas de superarlas.

CASOS PRÁCTICOS Y SOLUCIONES

CASO PRÁCTICO 1: EL PROCRASTINADOR CRÓNICO

Problema: Juan siempre pospone sus sesiones de estudio para el último minuto, lo que reduce la calidad de su aprendizaje.

Solución: Juan implementó la técnica del Pomodoro para dedicar períodos cortos y concentrados de estudio, con descansos regulares. También estableció un sistema de recompensas por cada sesión completada exitosamente.

CASO PRÁCTICO 2: LA LUCHADORA DE GIMNASIO ESPORÁDICA

Problema: Ana tiene dificultades para mantener una rutina de ejercicio consistente.

Solución: Ana encontró un compañero de ejercicio que la motivó a asistir regularmente. Además, se inscribió en clases de ejercicio en grupo para aumentar su compromiso social y su responsabilidad.

CASO PRÁCTICO 3: RESISTENCIA AL CAMBIO DE DIETA

Problema: Carlos sabía que necesitaba mejorar su dieta, pero encontraba difícil hacer los cambios necesarios.

Solución: Carlos comenzó a usar una aplicación para seguir su alimentación y se unió a un grupo de nutrición en línea donde compartía consejos y recetas saludables con otros, lo que aumentó su motivación y conocimiento sobre alimentos saludables.

"Somos lo que repetidamente hacemos. La excelencia, entonces, no es un acto, sino un hábito."
- Aristóteles

Capítulo 7: Hábitos de Éxito

Este capítulo se centra en los hábitos que han ayudado a muchas personas a alcanzar altos niveles de efectividad y éxito en sus vidas. Identificaremos cuáles son estos hábitos, exploraremos cómo puedes adaptarlos a tu estilo de vida particular, y te proporcionaré un plan de acción concreto para integrar estos nuevos hábitos en tu rutina diaria.

DESCRIPCIÓN DE HÁBITOS COMUNES DE PERSONAS ALTAMENTE EFECTIVAS

A lo largo de los años, el estudio de personas altamente efectivas ha revelado que ciertos hábitos contribuyen de manera significativa a su éxito:

- ❄ Madrugar: Muchos líderes y emprendedores exitosos comienzan su día temprano, lo que les da más horas de tranquilidad para concentrarse en tareas importantes.

- ❄ Planificación y Priorización: Establecer metas claras y priorizar tareas diariamente les permite maximizar su productividad y asegurarse de que están avanzando hacia sus objetivos a largo plazo.

Aprendizaje Continuo: La dedicación al aprendizaje continuo y al desarrollo personal les ayuda a adaptarse a cambios y a aprovechar nuevas oportunidades.

Cuidado de la Salud Física y Mental: Mantener un régimen regular de ejercicio y tomar tiempo para la relajación y la meditación son esenciales para su rendimiento.

Redes de Contactos Efectivas: Cultivar y mantener relaciones profesionales sólidas es clave para el éxito en muchas industrias.

CÓMO ADAPTAR ESTOS HÁBITOS A DIFERENTES ESTILOS DE VIDA

No todos los hábitos funcionarán para todas las personas debido a las diferencias en estilos de vida, responsabilidades y preferencias personales. Aquí te muestro cómo puedes adaptar estos hábitos de éxito a tu propia vida:

✣ Personalización del Horario: Si no eres una persona mañanera, considera bloquear un tiempo de tranquilidad en otro momento del día que se adapte mejor a tu ritmo natural.

❖ Metas Ajustadas: Ajusta tus metas y prioridades según tu situación personal y profesional actual, en lugar de adoptar un enfoque de talla única.

❖ Aprendizaje en Dosis Pequeñas: Si tu agenda está muy cargada, busca formas de integrar el aprendizaje en pequeñas dosis, como escuchar podcasts educativos durante tu traslado o leer artículos en tus descansos.

❖ Actividades Físicas Integradas: Incorpora actividad física en tu rutina diaria de maneras simples, como tener reuniones caminando o hacer ejercicios cortos de estiramiento entre tareas.

❖ Networking Digital: Utiliza plataformas en línea para construir y mantener tu red de contactos si encuentras difícil asistir a eventos en persona.

PLAN DE ACCIÓN PARA INTEGRAR NUEVOS HÁBITOS

Para que la integración de estos hábitos sea efectiva, necesitas un plan claro:

- ❈ Evalúa tus Necesidades y Objetivos: Identifica qué áreas de tu vida quieres mejorar y selecciona hábitos que alineen con esos objetivos.

- ❈ Establece Metas Específicas y Medibles: Define lo que esperas lograr con cada nuevo hábito y cómo medirás tu progreso.

- ❈ Implementa Gradualmente: Introduce los hábitos uno a uno, en lugar de todos a la vez, para evitar la sobrecarga.

- ❈ Monitorea y Ajusta: Lleva un registro de tu progreso y haz ajustes según sea necesario para mantener tu enfoque y motivación.

- ❈ Celebra tus Logros: Reconoce y celebra tus éxitos, por pequeños que sean, para mantenerte motivado.

"La historia de cada hombre es importante, eterna e inspiradora." - Aiden Wilson Tozer

Capítulo 8: Inspiración a través de Historias Reales

Las historias de transformación personal son poderosas. No solo proporcionan pruebas vivas de que el cambio es posible, sino que también ofrecen inspiración y lecciones valiosas que podemos aplicar en nuestras propias vidas. En este capítulo, compartiremos historias inspiradoras de individuos que han logrado cambios significativos a través de la modificación de sus hábitos. Aprenderás de sus experiencias y descubrirás cómo utilizar estas historias como un motor para tu propia transformación.

HISTORIAS INSPIRADORAS DE TRANSFORMACIÓN PERSONAL

HISTORIA 1: EL RENACIMIENTO DE MARÍA

ANTECEDENTES:

María, una contadora dedicada, se encontraba en un punto de su vida donde todo parecía haberse estancado. A pesar de sus esfuerzos y dedicación, tanto su carrera como su vida personal no mostraban signos de progreso, sumiéndola en un estado de descontento y falta de motivación.

CAMBIO DE HÁBITO:

Decidida a cambiar su situación, María tomó una decisión que alteraría el curso de su vida. Reconociendo la importancia del bienestar físico y mental en la efectividad profesional y personal, María incorporó el ejercicio como un componente esencial de su rutina diaria. Se inscribió en clases de yoga y meditación, disciplinas conocidas no solo por sus beneficios físicos sino también por su capacidad para mejorar la claridad y la paz mental.

RESULTADO:

Los cambios en la vida de María no tardaron en manifestarse. Físicamente, perdió peso y empezó a sentirse más enérgica y saludable. Pero los beneficios no se detuvieron ahí; las prácticas de yoga y meditación le brindaron una claridad mental que nunca antes había experimentado. Esta nueva perspectiva la ayudó a identificar áreas de mejora y oportunidades de crecimiento en su carrera que anteriormente había pasado por alto.

Con una mente más clara y un cuerpo más sano, María pudo enfrentar desafíos con renovada vigor y una mejor presencia de ánimo. Su rendimiento en el trabajo mejoró notablemente, lo que eventualmente la llevó a recibir promociones y reconocimientos. Además, esta transformación tuvo un impacto profundo en sus relaciones personales, permitiéndole cultivar conexiones más profundas y significativas.

La historia de María es un testimonio del poder transformador de integrar hábitos saludables en nuestra vida diaria. Su viaje ilustra cómo pequeños cambios en nuestras rutinas pueden no solo mejorar nuestro bienestar físico y mental, sino también impulsar nuestro crecimiento personal y profesional.

HISTORIA 2: LA VUELTA AL MUNDO DE DAVID

ANTECEDENTES:

David, un ingeniero de software dedicado, siempre había albergado el sueño de viajar por el mundo. A pesar de su deseo ardiente, siempre encontraba excusas sobre la falta de tiempo o recursos, convenciéndose a sí mismo de que nunca era el "momento adecuado" para explorar el mundo.

CAMBIO DE HÁBITO:

Decidido a no dejar que sus sueños se desvanecieran con el tiempo, David tomó una decisión transformadora. Comenzó a ahorrar pequeñas cantidades de dinero cada día, consciente de que incluso los ahorros menores pueden acumularse con el tiempo. Paralelamente, cambió su enfoque hacia la gestión del tiempo, planificando meticulosamente para incluir viajes cortos que no requirieran una gran interrupción de su carrera o compromisos personales. Esta planificación incluía el aprovechamiento de fines de semana largos y el uso estratégico de sus días de vacaciones.

RESULTADO:

Cinco años después de implementar estos cambios habituales, David había visitado más de 30 países. Cada viaje fue una aventura que expandió no solo su comprensión del mundo, sino también su apreciación por diversas culturas y perspectivas. Estas experiencias enriquecieron su vida de maneras que nunca había imaginado, brindándole nuevas ideas y un rejuvenecido entusiasmo por la vida y el trabajo.

Su enriquecimiento personal se reflejó también en su carrera profesional, donde sus experiencias globales le proporcionaron una ventaja única en su campo, mejorando su capacidad para colaborar con equipos internacionales y entender mejor las perspectivas globales en sus proyectos de software.

REFLEXIÓN:

La historia de David es un claro ejemplo de cómo la implementación de cambios sutiles y consistentes en nuestros hábitos diarios puede tener efectos transformadores en nuestras vidas. En lugar de esperar el momento perfecto, David creó las condiciones necesarias para hacer realidad su sueño de viajar. Su historia demuestra que, con la planificación adecuada y un compromiso con los objetivos a largo plazo, es posible vivir nuestras pasiones y enriquecer nuestra vida profesional y personal.

HISTORIA 3: EL EMPRENDEDOR ADOLESCENTE

ANTECEDENTES:

Sofía, una adolescente de 16 años, soñaba con lanzar su propia línea de moda. A pesar de su pasión y visión creativa, enfrentaba barreras significativas: carecía de recursos financieros y experiencia en el mundo empresarial y del diseño de moda.

CAMBIO DE HÁBITO:

Dándose cuenta de que la falta de conocimiento y experiencia eran sus principales obstáculos, Sofía tomó la decisión de dedicarse a aprender sobre emprendimiento y diseño de moda en línea. Cada día, después de terminar sus tareas escolares, Sofía pasaba varias horas estudiando cursos en línea, participando en webinars y leyendo todo el material que podía encontrar sobre la industria de la moda. Esta dedicación no solo mejoró su comprensión de cómo operar un negocio sino que también agudizó sus habilidades de diseño.

RESULTADO:

Tres años después, a la edad de 19 años, Sofía lanzó su propia línea de ropa. A través de una combinación de estilos innovadores y estrategias de marketing en redes sociales, su marca rápidamente ganó popularidad. Hoy, su línea de ropa no solo es un éxito comercial, sino que también ha sido destacada en varias revistas de moda importantes y ha comenzado a ser reconocida en eventos de la industria a nivel nacional.

Sofía continúa expandiendo su negocio, explorando nuevas ideas y tendencias, y está empezando a incursionar en mercados internacionales. Su éxito es testimonio de que con el enfoque adecuado, incluso las barreras aparentemente insuperables como la falta de recursos y experiencia pueden ser superadas.

REFLEXIÓN:

La historia de Sofía es un claro ejemplo de cómo el compromiso con el aprendizaje continuo y la mejora personal puede convertir sueños en realidad. Su experiencia resalta la importancia de la educación autodidacta y el uso efectivo del tiempo, demostrando que el emprendimiento juvenil puede florecer con la combinación correcta de pasión, dedicación y aprovechamiento de los recursos disponibles. Esta historia puede inspirar a otros jóvenes a perseguir sus ambiciones, independientemente de las dificultades iniciales, y a entender que el aprendizaje y el desarrollo de hábitos productivos son fundamentales para cualquier éxito empresarial.

LECCIONES APRENDIDAS Y CONSEJOS PRÁCTICOS DE CADA HISTORIA

Cada una de estas historias no solo es un testimonio del poder del cambio de hábitos, sino también una fuente de lecciones valiosas:

Constancia y Paciencia: María nos enseña que la incorporación de pequeños cambios de hábitos saludables puede llevar a grandes transformaciones a largo plazo.

Planificación y Pequeños Pasos: David demuestra que incluso los sueños más grandes pueden alcanzarse con planificación detallada y acciones consistentes.

Educación y Acción: Sofía ilustra cómo el aprendizaje continuo y la aplicación directa de ese conocimiento pueden establecer las bases para el éxito futuro.

CÓMO UTILIZAR ESTAS HISTORIAS COMO MOTI-VACIÓN

UTILIZA ESTAS HISTORIAS PARA INSPIRARTE A TI MISMO Y A OTROS:

ESTRATEGIAS PARA TRANSFORMAR TU VIDA INSPIRÁNDOTE EN EL ÉXITO DE OTROS

Cuando buscas hacer cambios significativos en tu vida, encontrar inspiración y apoyo puede ser tan importante como establecer objetivos claros. Las historias de éxito de otras personas no solo te proporcionan un modelo a seguir, sino que también pueden ofrecer valiosas lecciones sobre cómo superar obstáculos similares. Aquí te ofrezco algunas estrategias para utilizar estas historias de manera efectiva y maximizar tu potencial de crecimiento personal.

REFLEXIONA SOBRE LOS OBJETIVOS COMUNES

Identificación de Metas: Tómate un momento para reflexionar detenidamente sobre qué áreas de tu vida deseas mejorar o cambiar. Puede ser cualquier cosa desde avanzar en tu carrera hasta mejorar tu salud o relaciones personales.

Búsqueda de Historias Relacionadas: Encuentra historias de personas que hayan logrado objetivos similares a los tuyos. Esto podría incluir leer biografías, escuchar podcasts, o explorar artículos en blogs y revistas. Observa no solo qué lograron, sino cómo lo hicieron y qué obstáculos superaron en el proceso.

VISUALIZA TU FUTURO

Imagina los Resultados Positivos: Dedica tiempo cada día para visualizar cómo te sentirías y dónde podrías estar si logras hacer cambios similares. Imaginar el éxito puede ser una herramienta poderosa para mantener la motivación y clarificar tus metas.

Uso de Técnicas de Visualización: Practica técnicas de visualización donde te veas alcanzando tus metas, experimentando los beneficios y viviendo la vida que deseas. Este ejercicio puede fortalecer tu determinación y ayudarte a mantener el enfoque en tus objetivos

CREA UN TABLERO DE VISIÓN

Recolección de Materiales Inspiradores: Crea una colección física o digital de imágenes, citas y cualquier otro material que represente tus metas y las historias que te inspiran.

Organización del Tablero: Organiza estos materiales en un tablero de visión. Este tablero puede ser un collage en una cartulina, un archivo digital en tu computadora o una página en una aplicación de tablero de visión.

Ubicación Estratégica: Coloca tu tablero de visión en un lugar donde lo veas diariamente. Esto servirá como un recordatorio constante de tus objetivos y de lo que es posible alcanzar.

COMPÁRTELAS EN TU COMUNIDAD

Compartir en Redes Sociales: Comparte las historias y tu propio progreso en redes sociales o grupos de apoyo online. Esto no solo puede proporcionarte un sentido de comunidad, sino también responsabilidad adicional.

Crea o Únete a Grupos de Apoyo: Considera unirte a grupos de apoyo donde los miembros comparten un objetivo común. Puedes encontrar estos grupos en plataformas como Facebook, LinkedIn, o a través de comunidades locales y centros comunitarios.

Interacción y Feedback: A medida que compartes tus experiencias y aprendizajes, también recibirás consejos, motivación y apoyo de otros. Aprovecha esta retroalimentación para ajustar y mejorar tus estrategias.

Capítulo 9: Manteniendo tus Hábitos a Largo Plazo

Desarrollar nuevos hábitos es un logro significativo, pero mantener esos hábitos a lo largo del tiempo es donde realmente se ve el cambio transformador en tu vida. En este capítulo, exploraremos estrategias efectivas para mantener la consistencia en tus hábitos, entenderemos la importancia de revisar y ajustar tus hábitos regularmente, y aprenderemos a crear una rutina de revisión personal que asegure tu éxito continuado.

ESTRATEGIAS PARA MANTENER LA CONSISTENCIA EN TUS HÁBITOS

Mantener hábitos requiere más que solo determinación; necesitas sistemas y estrategias que fomenten la consistencia:

ESTABLECE RECORDATORIOS Y ALERTAS: MAXIMIZANDO LA CONSISTENCIA EN TUS HÁBITOS

El uso de recordatorios y alertas es una técnica poderosa para mantener la consistencia en tus hábitos y asegurar que no te desvíes de tus objetivos. En un mundo lleno de distracciones, estas herramientas tecnológicas pueden ser aliadas cruciales en tu camino hacia el cambio positivo y el desarrollo personal. Aquí te muestro cómo implementar efectivamente estos recordatorios en tu vida diaria.

....

BENEFICIOS DE UTILIZAR RECORDATORIOS Y ALERTAS

✥ Consistencia Mejorada: Los recordatorios regulares te ayudan a mantener tus hábitos sin falta, lo cual es crucial para su consolidación a largo plazo.

Minimización de Olvidos: Es fácil olvidar nuevas tareas o hábitos cuando estás comenzando. Los recordatorios aseguran que realices tus actividades planeadas, incluso cuando tu atención está dividida.

Refuerzo de Compromiso: Recibir un aviso regular para realizar una acción específica puede reforzar tu compromiso con esa actividad, recordándote constantemente por qué empezaste y qué esperas lograr.

CÓMO CONFIGURAR RECORDATORIOS Y ALER-
TAS EFECTIVOS

Elige la Herramienta Adecuada: Utiliza herramientas que se integren bien con tu estilo de vida. Las aplicaciones de calendario como Google Calendar son útiles para planificar tareas recurrentes, mientras que aplicaciones como Todoist o Microsoft To Do pueden ofrecer recordatorios más personalizados y funcionales.

Establece Recordatorios Estratégicos: Configura tus alertas para momentos del día en los que sabes que estarás más receptivo y menos ocupado. Por ejemplo, un recordatorio para meditar puede ser más efectivo si lo programas para la mañana antes de que comience tu día.

Personaliza tus Alertas: Muchas aplicaciones te permiten personalizar el tono de la notificación, la frecuencia y el tipo de mensaje que aparece. Utiliza estos elementos para hacer que los recordatorios sean más atractivos y menos invasivos.

Uso de Tecnología Wearable: Si usas un dispositivo

wearable como un smartwatch, configura recordatorios que puedas recibir directamente en tu muñeca. Esto puede ser especialmente útil para recordatorios relacionados con la salud y el ejercicio.

Revisión y Ajuste Regular: No todos los recordatorios serán perfectos desde el inicio. Dedica tiempo a ajustar la frecuencia y el horario de tus recordatorios basándote en cómo respondes a ellos y en cualquier cambio en tu rutina diaria.

INTEGRACIÓN DE RECORDATORIOS EN TU RUTINA DIARIA

Para integrar efectivamente los recordatorios en tu vida, comienza por identificar las áreas donde más los necesitas. Esto puede incluir todo, desde recordatorios para beber agua hasta alertas para revisar tus tareas importantes del día. Una vez establecidos, monitorea su efectividad y haz ajustes según sea necesario para asegurar que estén contribuyendo positivamente a tu rutina.

Crea Asociaciones de Hábitos: Vincula nuevos hábitos

con actividades que ya estén firmemente establecidas en tu rutina. Por ejemplo, si estás intentando practicar gratitud diaria, podrías hacerlo mientras tomas tu café matutino.

❋ Minimiza la Dependencia de la Motivación: Construye sistemas que te permitan seguir tus hábitos incluso cuando tu motivación es baja. Esto puede incluir preparar tu ropa de ejercicio la noche anterior o tener siempre a mano una lista de tareas pequeñas y manejables.

❋ Celebra Pequeños Logros: Establece recompensas pequeñas pero significativas para celebrar el mantenimiento de tus hábitos, lo cual puede motivarte a continuar.

LA IMPORTANCIA DE LA REVISIÓN Y AJUSTE DE HÁBITOS

No todos los hábitos funcionarán perfectamente para ti de inmediato, y algunos pueden necesitar ajustes conforme cambian tus circunstancias:

❋ Evalúa Regularmente: Tómate un tiempo cada

mes o cada trimestre para evaluar qué tan bien están funcionando tus hábitos y si aún contribuyen positivamente a tu vida.

- Sé Flexible: Estar dispuesto a ajustar tus hábitos es crucial. Si un hábito ya no se alinea con tus metas o ha dejado de ser útil, modifícalo o reemplázalo por algo más adecuado.

CREACIÓN DE UNA RUTINA DE REVISIÓN PERSONAL

Implementar una rutina de revisión personal te ayudará a mantener tus hábitos alineados con tus objetivos de vida a largo plazo:

Diario de Hábitos: Lleva un diario donde registres tus hábitos, cómo te sientes al realizarlos y cualquier cambio que notes en tu vida como resultado.

Revisión Mensual: Dedica un tiempo cada mes para revisar este diario. Evalúa qué está funcionando y qué necesita ajuste.

Plan de Ajuste: Basado en tu revisión, escribe un plan

de acción para el próximo mes. Esto podría incluir introducir nuevos hábitos, ajustar los actuales o eliminar los que ya no son útiles.

Apoyo de Pares: Considera tener un compañero de responsabilidad o unirse a un grupo donde puedas compartir tus progresos y desafíos. A veces, la perspectiva externa puede ofrecer insights valiosos y motivación adicional.

Capítulo 10: Comenzando Tu Camino

Felicidades por llegar al final de este libro. Este último capítulo resume los puntos clave que hemos cubierto y ofrece algunos consejos finales para ayudarte a iniciar y mantener el cambio en tu vida. Además, te invito a unirte a una comunidad de apoyo que te acompañará en tu camino hacia una vida transformada.

RESUMEN DE LOS PUNTOS CLAVE DEL LIBRO

A lo largo de este libro, hemos explorado diversos aspectos esenciales para transformar tu vida a través de la formación y mantenimiento de hábitos saludables y productivos:

❊ Entendiendo los Hábitos: Aprendiste cómo se forman los hábitos y la ciencia detrás de ellos, lo que te permite manipular estos procesos para tu beneficio.

❊ Disciplina sobre Motivación: Descubriste por qué la disciplina es más confiable que la motivación para hacer cambios duraderos.

❊ El Poder de la Inteligencia Emocional: Reconociste cómo tus emociones influyen en tus hábitos y cómo gestionarlas para mejorar tu vida.

❅ Configurando Tu Espacio para el Éxito: Viste cómo un entorno adecuadamente organizado puede facilitar la adopción y el mantenimiento de buenos hábitos.

❅ Herramientas y Técnicas: Exploraste diversas herramientas y técnicas, tanto digitales como tradicionales, que puedes utilizar para apoyar tus nuevos hábitos.

❅ Superación de Obstáculos: Aprendiste a identificar y superar las barreras comunes que impiden la formación de hábitos.

❅ Hábitos de Éxito: Observaste los hábitos comunes de personas altamente efectivas y cómo puedes adaptar estos hábitos a tu propia vida.

❅ Inspiración a través de Historias Reales: Te motivaste con historias de personas que han transformado sus vidas mediante el cambio de hábitos.

❅ Mantenimiento de Hábitos: Finalmente, discutimos cómo mantener tus hábitos a lo largo del tiempo y cómo realizar ajustes necesarios.

CONSEJOS FINALES PARA INICIAR EL CAMBIO

Empieza Pequeño: No intentes cambiar todo de una vez. Elige un hábito que quieras desarrollar y concéntrate en eso hasta que se sienta natural.

Sé Consistente: La consistencia es clave para la formación de hábitos. Trata de adherirte a tu nuevo hábito todos los días.

Pide Apoyo: No subestimes el poder del apoyo. Comparte tus metas con amigos, familiares o una comunidad de apoyo.

Sé Paciente Contigo Mismo: El cambio lleva tiempo y puede haber retrocesos. Sé amable contigo mismo y reconoce que cada paso, incluso los pasos en falso, es parte del proceso de aprendizaje.

INVITACIÓN A UNIRSE A UNA COMUNIDAD DE APOYO

No estás solo en este camino. Unirte a una comunidad de apoyo puede proporcionarte la motivación adicional y los recursos necesarios para triunfar. Ya sea en línea o en persona, una comunidad puede ofrecerte:

❊ Un lugar para compartir éxitos y desafíos.

❊ Acceso a recursos y consejos adicionales.

❊ Oportunidades para aprender de los demás y crecer juntos.

Te invito a unirte a nuestra comunidad en línea donde podrás conectar con otros lectores y personas en su camino hacia una vida mejor. Encuentra el enlace a nuestra comunidad en la última página de este libro.

CONCLUSIÓN.

Al cerrar este libro, "Un Hábito a la Vez", reflexionamos sobre el viaje que hemos emprendido juntos a través de sus páginas. Este no es solo el final de un libro, sino el comienzo de una nueva etapa en tu vida, una oportunidad para aplicar lo aprendido y ver cambios reales y duraderos.

RECAPITULACIÓN DE LOS PRINCIPALES APRENDIZAJES

Hemos cubierto mucho terreno en este libro. Aquí hay un resumen de los aprendizajes clave que espero lleves contigo:

❀ El Poder de los Hábitos: Entender cómo se forman los hábitos y cómo estos pueden ser manipulados para mejorar tu vida.

❀ Disciplina vs. Motivación: La importancia de la

disciplina sobre la motivación fluctuante para lograr cambios duraderos.

✻ Inteligencia Emocional: Cómo gestionar tus emociones para apoyar la formación de nuevos hábitos y deshacerte de los viejos.

✻ Ambiente de Éxito: Configurar tu entorno para facilitar el cambio, eliminando distracciones y creando espacios que promuevan buenos hábitos.

✻ Herramientas y Técnicas: El uso de tecnología y métodos probados para ayudarte a mantener tus nuevos hábitos.

✻ Superación de Obstáculos: Estrategias para enfrentar y superar las barreras que impiden la formación de hábitos.

Historias Inspiradoras: Ejemplos de personas reales que han logrado cambios significativos en sus vidas a través de la modificación de sus hábitos.

MOTIVACIÓN FINAL PARA TOMAR ACCIÓN INME-DIATA

Ahora, armado con conocimiento y estrategias, estás listo para tomar acción. Recuerda que cada gran cambio comienza con pequeños pasos. No esperes el momento perfecto; empieza ahora con lo que tienes y donde estás. Los hábitos que decides formar hoy serán la arquitectura de tu futuro.

Establece tu primer objetivo pequeño hoy. Puede ser algo tan simple como decidir levantarte diez minutos más temprano cada mañana o dedicar cinco minutos al día a la meditación. Cualquier paso, por pequeño que sea, es un paso hacia la transformación.

ÚNETE A UNA COMUNIDAD

Recuerda que no tienes que hacer estos cambios solo. Únete a nuestra comunidad online para obtener apoyo, inspiración y recursos. Compartir tus experiencias y aprender de los demás puede hacer tu viaje hacia el cambio mucho más enriquecedor.

EL COMIENZO DE TU NUEVA VIDA

Considera este libro no como el final de un proceso, sino como el inicio de tu nueva vida. Una vida donde tú tienes el control sobre tus acciones, tus hábitos y, finalmente, tu destino. Estoy emocionado de ver cómo utilizarás lo que has aprendido para crear una vida que refleje tus verdaderos deseos y aspiraciones.

Gracias por acompañarme en este camino. Ahora, con determinación y esperanza, da el siguiente paso. Tu futuro te espera, y está lleno de posibilidades. Empieza hoy y transforma tu vida, un hábito a la vez.

Muchas Gracias.

Espero que estés disfrutando de tu lectura. Si te ha gustando el libro, me encantaría escuchar tu opinión. Tu reseña no solo ayudaría a otros lectores a descubrir este libro, sino que también sería increíblemente valiosa para mí. Cada reseña cuenta y realmente hace una gran diferencia.

Cuando termines, por favor, considera tomarte un momento para dejar una reseña en Amazon.

¡Gracias por tu apoyo y por ser parte de la comunidad de lectores!

Made in the USA
Las Vegas, NV
22 October 2024

10337346R00100